Inhalt

Georg Quedens

NORDSTRAND

BREKLUMER VERLAG

Bildnachweis:
Andreas Busch (1), Hans Hoffmann (1), Joh. Pahl (2), A Kleeberg (1). Das Luftbild des Nordfriesischen Wattenmeeres ist vom Luftamt Hamburg freigegeben unter der Nr. 700077.
Alle übrigen Fotos und Repros einschließlich der Kartenzeichnungen stammen vom Verfasser.

3. Auflage 1984

Gesamtherstellung: Breklumer Druckerei Manfred Siegel
Printed in Germany
ISBN 3-7793-1116X

Vorwort

»Weit ist das Land, in Winden eben,
sehr hohem Himmel preisgegeben . . .«

Ein Satz von Rainer Maria Rilke und der erste Eindruck des Landschaftsbildes der Insel Nordstrand ist trefflich beschrieben. Ein fester Damm mit Autostraße hat den Inselbesucher von Wobbenbüll an der Festlandsküste durch das Watt nach Nordstrand geführt. – Der hohe Deich vermittelt einen weiten Überblick. Da liegt die Insel mit ihren grünen Marschen und gelbleuchtenden Raps- und Getreidefeldern, eingebettet darin die Höfe, von windgeschorenen Bäumen umhüllt. Und rundum alles von einem festen Seedeich umrahmt, an dessen Hänge Tausende von Schafen weiden, das friedliche Bild eines Sommertages, das keine Ahnung aufkommen läßt, welche Dramatik sich mit diesem Inselfleck verbindet.

Die Geschichte Nordstrands ist eine Geschichte der Sturmfluten und der Landvernichtung, des vergeblichen Versuches der Inselfriesen, Heimat und Höfe zu retten, aber auch des zähen Kampfes, zunächst von Niederländern, dann wieder von Nordfriesen, um die Wiedergewinnung des verlorenen Landes. Noch heute dauert diese dramatische Naturgeschichte an. Während noch bei den Januarfluten 1976 die Sturmsee über den Deich brandete und die Insel in größte Gefahr geriet, wuchs beiderseits des Nordstrander Dammes neues Land aus dem Meer und begründete ein neues, gewaltiges Eindeichungswerk in der Nordstrander Bucht. Durch diese Maßnahme aber, die nach jahrelanger Auseinandersetzung zwischen Umweltschützern einerseits und Befürwortern der Eindeichung andererseits, im Jahre 1983 begann, hat Nordstrand seinen Inselcharakter endgültig verloren und ist, was es vor etwa tausend Jahren war – eine Halbinsel im Nordfriesischen Wattenmeer, verbunden mit dem Festlande.

Abend am Nordstrander Deich

Die Küstenlandschaft im Wandel der Zeit

Um die Entwicklung des Landschaftsbildes im nordfriesischen Küstenraum zu verstehen, muß ein Zeitraum von etwa 20000 Jahren überspannt werden, bis hin zum Ende des letzten Gletschervorstoßes der insgesamt fast eine Million Jahre dauernden Eiszeit. Die Gletscher der letzten Vereisung erreichten die Westküste von Schleswig-Holstein nicht mehr, ihre Grenze war die Ostküste, wo sie die heute noch typische Moränenlandschaft bildeten. Doch griffen die westwärts abfließenden Schmelzwasser gestaltend in die Landschaft an der Westküste ein. Sie führten hier zu Sandablagerungen und zum Auseinanderschneiden der durch die vorherige Saalevereisung hinterlassenen Geestblöcke, deren Reste heute in den Inseln Sylt, Föhr, Amrum sowie in versunkenen Bänken vor Amrum und der Hever zu finden sind.

Wesentlicher für den Wandel des Landschaftsbildes war jedoch die Tatsache, daß durch das Abschmelzen der Eismassen das Weltmeer zu steigen begann. Während in den Kälteperioden der Eiszeit ein Teil des irdischen Wassers durch die Eisbildung gebunden wurde und der Meeresspiegel bis um 100 Meter fiel, hob sich in den Wärmeperioden das Wasser – ein Vorgang, der sich auch nach dem Ende des letzten Gletschervorstoßes wiederholte.

Das vor etwa 20000 Jahren noch bis weit über die Doggerbank hinaus trocken liegende Nordseebecken wurde allmählich wieder überflutet, wobei sich der Anstieg des Meeresspiegels je nach den Klimaschwankungen einmal langsamer, dann in sogenannten Transgressionen rascher vollzog. Parallel dazu erfolgte eine großräumige Landsenkung, hervorgerufen durch eine Ausgleichsbewegung der Erdoberfläche nach dem Rückzug des Eises, dessen Gewicht den Erdmantel in den eisfreien Randgebieten aufgewölbt hatte.

Kurz vor der Zeitrechnung erreichte der Meeresspiegel durch die Litorina-Transgression einen vorläufigen Höhepunkt. Dann folgte ein Stillstand, vermutlich sogar ein vorübergehendes Absinken. Die Nordsee hatte nun eine einige Kilometer westlich von Sylt liegende, über die Amrum-Bank bis Eiderstedt verlaufende Küstenlinie erreicht. In dieser Zeit lagerten sich im Lee der Geestinseln großflächige Marschen aus der Sedimentation von Überflutungen ab, die anschließend durch den Schutz aufgespülter Sandwälle, aber auch infolge der Senkung des Meeresspiegels dem Einfluß der Nordsee entzogen wurden. Nach Aussüßung des Grundwassers kam es auf diesen abflußarmen Flächen durch stauende Nässe zur Bildung von umfangreichen Hochmooren und ausgedehnten Schilffeldern, aber auch von Wäldern, in denen Birken, Erlen und Eichen wuchsen. Stamm- und Stubbenreste dieser vorzeitlichen Wälder sind noch heute auf den Wattenflächen zwischen Föhr und Amrum sowie bei Hallig Gröde zu finden. Eine Notiz von Pastor Joh. Petreus aus dem 16. Jahrhundert über Baumstubben an einem Prielrand zwischen Nordstrand und dem Festlande bezieht sich ebenfalls auf Waldreste jener Zeit.

Ein erneuter Anstieg des Meeres um etwa 2 Meter, die sogenannte Dünkirchen-Transgression um Christi Geburt, führte dann zu Überflutungen und umfangreichen Zerstörungen der vorzeitlichen Moore und Marschen, jedoch auch zu neuen Sedimentationen, wobei die Moore weitgehend von Marschboden wechselnder Mächtigkeit bedeckt wurden.

Seit der Jungen Steinzeit, etwa seit 3000 v. Chr., waren die Geestinseln nachweislich fest bewohnt. Vereinzelte Funde von Flintdolchen und -sicheln deuten darauf hin, daß die Marschen, Moore und Wälder im Raum des heutigen nordfriesischen Wattenmeeres von dieser Bevölkerung als Jagd- und Weidegründe genutzt wurden.

Eine feste Besiedlung dieses Landschaftsraumes erfolgte jedoch erst um 1000 n.Chr. durch die von der südwestlichen Nordseeküste einwandernden Friesen. Sie verwandelten die Wildnis dieses Niederungsgebietes durch den Bau von Entwässerungsgräben in eine Kulturlandschaft. Zum Schutze gegen Überflutungen der Nordsee entstanden die ersten Deiche. Pflugfurchen im Rungholt-Watt bei Südfall, aber auch weiter nördlich im Raum der Hallig Hooge, beweisen eine intensive Landnutzung, die sich sowohl auf Ackerbau als auch auf Viehzucht bezog. Die Siedlungen lagen flutsicher auf Warften.

Deichbau und Entwässerung bewirkten jedoch eine Austrocknung der 1 – 2 Meter starken Torfschicht unter dem Marschboden und eine Senkung des ohnehin zum Meeresspiegel niedrig liegenden Landes. Der Abbau von Torfschichten zwecks Gewinnung des darunter liegenden Kulturbodens oder für die Salzsiederei bewirkten eine weitere Senkung des Landniveaus. Unbewußt trug so der Mensch zur nachfolgenden Zerstörung dieses Landes bei. Spätestens vom 12. Jahrhundert an kam es erneut zu Einbrüchen und Überflutungen durch das Meer. Die einzelnen Landschaftsteile der »Uthlande«, die bisher nur durch Priele voneinander getrennt waren, wurden durch Wattenflächen und breiter und tiefer werdende Wattenströme auseinandergerissen. Der fortschreitende Anstieg des Meeresspiegels, mit etwa 3 mm jährlich auch heute noch gültig, sowie Sturmfluten griffen nun entscheidend in die weitere Gestaltung dieser Landschaft ein.

Sturmfluten

Die immer kritischer werdende Lage des nordfriesischen Küstenraumes wird etwa vom 13. Jahrhundert an dokumentiert durch die häufiger werdenden Berichte über Sturmfluten, die erhebliche Opfer an Menschen und Vieh sowie Landverluste fordern.

Nach J. Hoyer war im Jahre 1216 die größte Flut seit der Zeitrechnung. An der Dithmarscher und Friesischen Küste sowie auf dem »Strand« ertranken 10000 bis 30000 Menschen. Eine Sturmflut des Jahres 1230 überschwemmte ganz Nordfriesland, wobei an die 100000 Menschen ums Leben kamen – sicherlich eine übertriebene Zahl, da seinerzeit kaum eine derartige Bevölkerungsdichte bestand, aber doch ein Hinweis auf die verheerenden Auswirkungen dieses Ereignisses.

In der Folgezeit werden die Berichte über Sturmfluten genauer. Am 4. September 1300 brach das Wasser in das Gebiet des Strandes ein, forderte wieder zahlreiche Menschenleben und zerstörte etliche Kirchspiele. Die größte Flut des 14. Jahrhunderts, von einigen Chronisten, darunter Heimreich, irrtümlich auf das Jahr 1300 datiert, ereignete sich im Januar 1362. Sie stieg 4 Ellen über die höchsten Deiche und riß auf Nordstrand 21 Wehlen ein. Allein in der Edomsharde wurden 7 Kirchspiele verwüstet, und die Zahl der Toten betrug etwa 7600. Insgesamt sollen an der Nordseeküste zwischen Ribe und Holland rund 200000 Menschen ertrunken sein! Mit ziemlicher Wahrscheinlichkeit wurde in dieser Sturmflut der bedeutendste Hafenort der Edomsharde, ja des ganzen Strandes, Rungholt, zerstört. Die reiche Insel Nordstrand war damals durch Agrarprodukte und Salz ein wichtiger Handelspartner der Hansestädte, was mehrere Urkunden belegen. Und Rungholt war der Sielhafen und Flecken am Heverstrom, der diesen Handel abwickelte. Erst in jüngster Zeit wurde dieser Ort im Watt bei der Hallig Südfall wieder entdeckt und durch den Nordstrander Landwirt Andreas Busch rekonstruiert (siehe Seite 95).

Infolge dieser Sturmflut von 1362 ging auch ein großes Stück des Rungholter Umlandes verloren und Alt-Nordstrand bildete sich als eine Insel von hufeisenförmiger Gestalt heraus. Der Heverstrom brach bis Husum durch und trennte den größten Teil der Lundenbergharde von den Strandharden.

Von den Sturmfluten des nachfolgenden Jahrhunderts war die Allerheiligenflut vom 1. November 1436 am verhängnisvollsten. Zwischen Pellworm und dem übrigen Nordstrand riß ein breiter Strom ein, der zu einer jahrhundertelangen Trennung der Inselteile führte. Erst im Jahre 1550, nach der Bedeichung des Buphever-Kooges, konnten beide Inselteile wieder fest miteinander verbunden werden. Aus einem Ablaßbrief des Baseler Konzils vom Jahre 1440 ist ersichtlich, daß seit 1362 an der Schleswigschen Westküste nicht weniger als 60 Kirchen »ausgedeicht«, also zerstört wurden. Davon lagen 28 auf dem alten Nordstrand.

Aus einer Vielzahl nachfolgender Sturmfluten tritt dann eine im Jahre 1532 hinsichtlich ihrer Auswirkungen wieder besonders hervor. In einem Bericht darüber heißt es: »Am Montag nach Allerheiligen war ein solcher Auflauf des Wassers, daß im Nordstrand beinahe 1400 Menschen ertrunken sind, und brachen in derselben Flut 16 Wehlen ein. Der Schaden an Häusern, Korn, Ochsen, Kühen, Pferden, Schafen und Schweinen ist unberechenbar . . .« Den ganzen Winter und noch im folgenden Sommer wurde gearbeitet, um die Deichbrüche zu beseitigen.

Zeiten der Ruhe wechselten mit Zeiten häufiger Sturmfluten. Erstaunlich und bewundernswert, daß die Bewohner Nordstrands nicht nur die Kraft fanden, zerstörte Deiche zu reparieren, sondern auch noch Landgewinnung zu betreiben. Wie schon erwähnt, gelang es 1550 den Buphever-Koog zu gewinnen, wozu die ganze Insel pro Demat Landanteil 4 Schillinge beitrug.

Wiederum war es dann der Tag Allerheiligen, der 1. November 1570, an dem eine große Sturmflut über Nordfriesland hereinbrach. Einige tausend Menschen ertranken an der Nordseeküste, und auf Nordstrand blieben nach zehn Deichbrüchen nur die Köge von Gaikebüll, Evensbüll, Odenbüll und Hersbüll von der Überflutung verschont. Das Kirchspiel Westerwold verlor 200 Demat (knapp 100 ha) Landfläche, aber ansonsten blieben die Landverluste in Grenzen.

Weitere Sturmfluten folgten 1573, 1574, 1580, 1590 und 1593 sowie in den ersten Jahrzehnten des anbrechenden neuen Jahrhunderts.

Siegel der Edomsharde bis 1361
vor der Sturmflut von 1362

Siegel aus der Zeit um 1400 nach
dem Untergang Rungholts

Das Rungholtgebiet und die Edomsharde um Anno 1240 nach einer Rekonstruktion des Kartographen Johannes Meyer

Und während es einerseits unter unerhörten Anstrengungen gelang, weitere Vorlandflächen um Alt-Nordstrand einzudeichen und in der Zeit von etwa 1610 bis 1624 den Wester-Neuen-Koog in der Balumer Bucht, den Volgsbüller Koog, den Hensebeker Koog in der Rungholter Bucht und den Amsinger Koog zu gewinnen sowie den Koogdeich vor Ilgroff und Brunnock zu erneuern, bahnte sich andererseits der Untergang dieser Insel an.

Das alte Nordstrand

Ehe das alte Nordstrand von der Landkarte verschwindet, soll noch einmal Halt gemacht werden für einen Überblick über die Geschichte und über das Leben auf dieser Insel.

Im 12. und 13. Jahrhundert erhielt das Gebiet des alten Strandes durch die Überlieferung allmählich geografische Gestalt und Geschichte. In einer Urkunde des Jahres 1187 kommt erstmalig die Bezeichnung »Uthlande« für den nordfriesischen Küstenraum vor. Aber fast ebenso alt ist der Begriff »Strand«, Anno 1198 in Zusammenhang mit dem Propst des Strandes (prepositus de Strand) genannt. In jener Zeit umfaßte das Gebiet der Uthlande, unter Oberhoheit des dänischen Königs stehend, 13 Harden.

Die Harde war ein dänischer Verwaltungsbezirk, begründet auf eine germanische Bevölkerungsgruppierung. Zum Strand, dem Kernstück der Uthlande, gehörten anfangs die Wyriksharde, die Beltringharde, die Pellwormharde, die Edomsharde und die Lundenbergharde. Damit reichte das Gebiet des Strandes von Eiderstedt bis hinauf nach Föhr und von Pellworm bis etwa zur heutigen Festlandsküste.

Doch durch die anhaltende Zerstörung der Uthlande und der Bildung von Einzelinseln und Halligen konzentrierte sich die Bezeichnung »Strand« schließlich auf die große Marscheninsel im Zentrum der entstandenen Inselwelt. Erst seit dem 15. Jahrhundert wird von Nordstrand gesprochen und damit die Frage aufgeworfen, ob es einen Süderstrand gegeben hat. Joh. Petreus schreibt in seinen Annalen über Nordstrand, daß »de hohen und groten sande« südwestlich vor Eiderstedt »Suderstrandt« genannt wurde, eine Angabe, die jedoch von der Fachwelt bezweifelt wird. Noch jünger ist die Bezeichnung Alt–Nordstrand. Sie entstand erst nach der Sturmflut von 1634 als Definierung der Gesamtinsel gegenüber den Inselresten bzw. dem heutigen Nordstrand.

Im Jahre 1593 erfolgte auf Grund der vorausgegangenen Landverluste eine Neugliederung der Nordstrander Harden mit Reduzierung auf die Pellworm-, Beltring- und Edomsharde. Um diese Zeit hatte die Insel mit 22 Kögen eine Gesamtfläche von etwa 40150 Demat (1 Demat = 0,493 ha), also rund 198 Quadratkilometern. In der Inselmitte lag das »Wüste Moor«, eine unbesiedelte Hochmoorfläche, dessen Niveau das Marschenland beträchtlich überragte, so daß es bei der Sturmflut 1634 als einziges Inselgebiet von der Überflutung verschont blieb. Nach der Sturmflut bildete sich aus dieser Fläche die heutige Hallig Nordstrandisch-Moor. Von den Deichen Alt-Nordstrands spielte der sogenannte Moordeich die größte Rolle. Er zog sich von Bupsee über das Wüste Moor bis zum Siel von Liht und hielt die Köge der Beltring- und Edomsharde zusammen. Auf der Insel gab es 22 Kirchen und rund 1200 Häuser, alle mit Ziegelsteinen und selbstgebranntem Muschelkalk aufgemauert. Das Holz der Dachstühle war mit eigenen Schiffen von Norwegen geholt. Die Zahl der Einwohner betrug um Anno 1600 etwa 8600.

Über *das Leben und die Zustände* auf Alt-Nordstrand liegen vortreffliche Beschreibungen der Pastoren Johannes Petreus und Matthias Boetius vor. Ersterer war von 1565 bis 1605 Pastor an der Kirche zu Odenbüll, letzterer von 1610 bis 1625 Pastor in Hersbüll und Evensbüll.

»Das Land hat eine wunderbare Fruchtbarkeit« heißt es in den Annalen des Johannes Petreus. Je nach Beschaffenheit gediehen Roggen, Weizen, Hafer, Gerste, Bohnen und Erbsen. Ferner gab es vortreffliche Weiden. In guten Jahren versorgte die Ernte die doppelte Zahl der Einwohner, so daß im Herbst alle 15 Siele voll von fremden Schiffen lagen, die aus Stade, Husum und Holland gekommen waren, um hier beladen zu werden. An Ochsen konnten jährlich etwa 600 ausgeführt werden.

Der Moorboden wurde als Brennmaterial abgebaut. Die Gewinnung von Torf war zeitweilig so umfangreich, daß auch damit ein lebhafter Handel betrieben werden konnte. In Notzeiten, besonders nach Sturmfluten, wurde die Ausfuhr von Torf und landwirtschaftlichen Produkten jedoch untersagt, um Mängel und Preissteigerungen auf der Insel zu vermeiden. Ackerbau und Viehzucht dominierten, doch hatten auch Handel und Schiffahrt eine gewisse Bedeutung. In einem Begnadigungsbrief des Königs Christian I von Anno 1460 wurden den fahrenden Kaufleuten zu Wasser und zu Lande ihre bisherigen Rechte bestätigt, und ein Erlaß des Herzogs Philipp von Anno 1589 verordnete die Handelsfreiheit für fremde Kaufleute. Zwischen der Insel und dem Festlande bestanden drei konzessionierte Fährverbindungen, und zwar von Lith nach Lundenberg, von Morsum nach Hattstedt und von Bupsee nach Ockholm.

Eine wichtige Erwerbsquelle war die *Salzgewinnung*. »Wenn das Wasser bei Ebbe verlaufen ist, gräbt man außendeichs im Schlick die schwarze, moorige Torferde, die bei wiederkehrender Flut zu Schiff zum Lande gebracht, ausgebreitet, von Wind und Sonne gedörrt und zu Asche verbrannt wird . . .« Diese Asche wurde in Haufen, mit Salzwasser durchfeuchtet und mit Rasensoden abgedeckt, bis zum Herbst aufbewahrt. Bei der anschließenden Verarbeitung wurde die Asche in große Bottiche gefüllt, deren Boden mit Salzgrassoden belegt war . . . »worauf dann Seewasser gelassen wurde, welches die Asche durchzog und eine rote Sole oder Pekel hervorbrachte, der alsdann in einem breiten, eisernen Kessel gesiedet wird. Man erhält dadurch reichlich Salz, weiß und kleinkörnig, zum täglichen Gebrauch nützlich und gut . . .« Bis hinauf nach Tondern und Ripen wurde das Nordstrander Salz verfrachtet, doch unterlagen Salzgewinnung und Salzhandel der Kontrolle und den Gesetzen der Landesherrschaft.

Keine wirtschaftliche Bedeutung hatte hingegen der Fischfang. Er wurde nur für den Privatbedarf in Fischgärten, sogenannten »Thenen« betrieben. Der Rochenfang war an einige Föhrer verpachtet. – Hier galt das Sprichwort: »Nordstrand im Meer gelegen ist, hat Wasser genug, doch wenig Fisch.«

Die Bewohner der Insel bestanden aus »Bunden, Lansten und Kotenern«, also freien Bauern mit Landbesitz, Pächtern ohne Grundeigentum und Kätner, die in der Landwirtschaft oder an den Deichen, Gräben und Sielen beschäftigt waren. Das Handwerk war mit Schmieden, Schustern, Schneidern, Glasern, Rademachern und Böttchern vertreten. Zwei adlige Güter lagen auf Alt-Nordstrand: Seegard der Familie Meinstorf auf der Pellwormharde und das Gut Morsum der Familie Rantzow. Alle Landbesitzer, auch die der genannten Güter sowie die Kirchenländereien, waren verpflichtet, im Verhältnis zur Größe ihres Landes zu den Deichkosten beizutragen.

Das Deichwesen spielte naturgemäß die wesentlichste Rolle auf dieser Insel, die ihren Bestand ausschließlich den Deichen verdankte. Jeder Koog hatte einen Oberhauptmann und Deichgraf, denen Unterhauptmänner und Deichvereidigte zugeordnet waren. 16 Deichrichter entschieden über Auseinandersetzungen zwischen Kögen und Kirchspielen. Für das Deichwesen galt das »Spadelandsrecht«, eine Sammlung altüberlieferter Deichvorschriften, die im Jahre 1556 von Herzog Johann mit dem Staller von Nordstrand und 16 ehrbaren Männern schriftlich fixiert wurden. Von besonderer Tragweite von den insgesamt 20 Artikeln war der Achte, der die Deichpflicht regelte. Landeseigentümer, die ihrer Pflicht zur Unterhaltung und Reparatur nicht nachkamen, erhielten zunächst eine entsprechende Aufforderung nebst Strafandrohung. Blieb dieses ohne Erfolg, kam es zur Enteignung nach dem Prinzip: »De nich will dieken, mutt wieken!« Als Zeichen dieser harten, für den Bestand des Landes jedoch notwendigen Maßnahme, steckte der Deichrichter einen Spaten auf das Deichstück des Schuldigen und bot dessen Land zunächst den Gläubigern des Enteigneten, dann dessen nächsten Freunde und zuletzt – wenn erstere ablehnten – den benachbarten Grundbesitzern zur Übernahme an. Fand sich niemand von den Genannten bereit, das angebotene Land und die damit verbundene Deichpflicht zu übernehmen, mußte der gesamte Koog dafür eintreten.

Wenn jemand die Absicht hatte, seine Deichpflicht nicht mehr zu erfüllen, konnte er auch von sich aus den Spaten auf sein Deichstück stecken. Dies kam, vor allem nach Sturmfluten mit entsprechenden Zerstörungen, zeitweilig so häufig vor, daß der Landesherr die damit verbundene Auswanderung verbot. Um 1600 betrugen die jährlichen Kosten der Deichunterhaltung etwa 34000 Mark Lübsch.

Etwa seit dem 12. Jahrhundert war das Gebiet des Strandes durch Deiche geschützt, die jedoch verhältnismäßig niedrig und von primitiver Bauart waren. Das schon erwähnte langsame Absinken des Landes und der Anstieg des Meeresspiegels erforderte eine unentwegte Arbeit an den Deichen. Nach Petreus handelte es sich ausschließlich um »Staakdeiche«, die am Deichfuß mit Pfählen oder Balkenwänden geschützt waren. Erst durch den aus Holland stammenden Deichgraf Johann Clausen Koth-Rollwagen wurden die Deichprofile zu Anfang des 17. Jahrhunderts in eine zweckmäßigere Form gebracht, behielten allerdings noch längere Zeit ihr Staakwerk. Um diese Zeit wurde durch den erwähnten Deichgrafen die Schubkarre für den Deichbau eingeführt. Dieses Gerät, das für den Deichbau eine wesentliche Er-

Alt-Nordstrand, wie es bis 1634 war

leichterung bedeutete, wurde im Jahre 1612 erstmals auf Nordstrand benutzt. Anfangs waren Tragbahren, später dreirädrige Sturzkarren (Störten) in Gebrauch.

Für *Verwaltung und Rechtswesen* auf Nordstrand galten die Siebenhardenbeliebung von Anno 1426 und das Landrecht von Anno 1518, ursprünglich mit 33 Artikeln, Anno 1558 erweitert auf 102 Artikel. Die Friesen der Uthlande übten weitgehende Selbstverwaltung. Gemessen an den Zeitverhältnissen waren sie freie Menschen, die auch untereinander keine Standesunterschiede kannten. Dies ließ die gemeinschaftliche Pflicht des Deichbaues und -schutzes nie zu.

Etwa seit dem 13. Jahrhundert unterstanden die Friesen der Uthlande jedoch der wechselnden Oberhoheit dänischer Könige oder schleswigscher Grafen und Herzöge, denen sie Landgeld zahlten, gegen die sie aber des öfteren in Aufständen ihre Freiheitsrechte verteidigten. Als jedoch auf dem Wordingborger Frieden im Jahre 1435 König Erich von Dänemark das Herzogtum Schleswig »mit allen Frieslanden« dem Herzog überlassen mußte, bekamen die Friesen in den Uthlanden einen Herren, der ihre Freiheitsrechte einengte und auf Nordstrand einen Staller einsetzte. Der Staller führte die Oberaufsicht, schlichtete Händel und saß dem Landgericht vor. Jede Harde hatte ihre Ratsleute und Bevollmächtigten. Erstere fungierten auch als Strandvögte.

Trotz der wiederkehrenden Kämpfe um Freiheits- und Selbstverwaltungsrechte gegen wechselnde Obrigkeiten einerseits und des ständigen Kampfes um Deichschutz gegen die Natur andererseits, war Alt-Nordstrand dank der Fruchtbarkeit eine gesegnete Insel. Der Wohlstand scheint sich aber auch nachteilig ausgewirkt zu haben, weil der Übermut gefördert wurde. Pastor Boetius bezichtigte seine Landsleute der »Völlerei und Schlemmerei« und der Veranstaltung kostspieliger Gastmähler, wobei oft »das ganze Vermögen verschwendet wurde . . .« Mehrfach, zuletzt noch im Jahre 1622, erließ der Herzog Verordnungen »wider allerhandt Pracht und Hochfarth« mit detailierten Angaben über die zulässige Ausrichtung von Festen.

Aber auch Mord und Totschlag waren an der Tagesordnung. In seinen Annalen hat Pastor Petreus in der Zeit von 1565 bis 1605 fast 40 Fälle verzeichnet, und immer wieder hatte der Henker auf Nordstrand zu tun, um die Täter zu hängen, zu köpfen oder zu rädern. Abtreibungen und Kindestötungen wurden mit dem Feuertod bestraft, aber auch Hexenverbrennungen kamen zu Petreus Zeiten noch vor.

Pastor Boetius hielt die Insel und ihre Bewohner reif für den Untergang. Und da man seinerzeit Sturmfluten weniger als Naturereignisse denn als Gottesgerichte empfand, erhielt diese Ansicht darauf durch die Sturmflut von 1634 eine furchtbare Bestätigung.

Es wurde aber auch der schlechte Zustand der Nordstrander Deiche bemängelt und den Nordstrandern durch einen Abgesandten des Herzogs die Aufforderung mitgeteilt, »ihre Halsstarrigkeit und ihre Zwistigkeiten gegeneinander zu unterlassen«, um angesichts der höher steigenden Fluten die Deiche zu verstärken. Die Nordstrander selbst aber meinten kurz vor der Sturmflut von 1634, sie hätten um ihre Insel einen »eisernen Ring«.

Der Untergang von Alt-Nordstrand

Mit dem Beginn des 17. Jahrhunderts brachen mehrere Sturmfluten in die Inselköge ein, wobei es am 1. Dezember 1615 zu einer Überflutung fast der ganzen Insel kam. Nur Pellworm und Trindermarsch

Schäumend schlägt die Brandung über den Nordstrander Deich

blieben verschont. »300 Menschen vertrenketen in der solten See und Stintebüll und Brunocking Kerke stürzeten ein . . .« Von den verwüsteten Friedhöfen wurden Totengebeine über das ganze Land verstreut. Viele Bewohner steckten den Spaten auf ihren Deich und wanderten aus, da sie Hab und Gut verloren hatten und keine Mittel mehr besaßen, die erforderliche Deichreparatur durchzuführen. Weitere Sturmfluten der Jahre 1617, 1622, 1624, 1625, 1627 und 1631 bereiteten die endgültige Zerstörung von Alt-Nordstrand in der Nacht vom 11. zum 12. Oktober 1634 vor.

Über den Verlauf dieser Sturmflut liegen mehrere Augenzeugenberichte vor, so vom Pastor und Chronisten Anton Heimreich und von Pastor M. Lobedantz aus Gaikebüll. Gegen Mittag des unheilvollen Tages setzte zunächst Regen und dann Wind aus Westen ein. Bis 8 Uhr abends steigerte sich der Wind zum Sturm, aber obwohl Neumond und halbe Springflutzeit war, blieben die Inselbewohner unbesorgt, weil die Wetterlage keineswegs auf eine größere Gefahr hindeutete. Unheimlich war nur das anhaltende Gewitter, dessen Donner sich mit dem Heulen des Sturmes zu einem urgewaltigen Getöse vereinte und dessen Blitze über die rabenschwarze Nacht brannten.

Gegen 9 Uhr abends war die Flut bei unverminderter Windstärke jedoch so hoch gestiegen, daß die Deiche überspült wurden und wenig später brachen. Koog um Koog wurde überflutet! Den höchsten Stand erreichte die Flut aber erst zwei Stunden nach Mitternacht, obwohl schon Ebbezeit war. Die Inselbewohner retteten sich anfangs hinauf auf Dachböden und Dächer. Aber fast alle Hausmauern und Dachständer wurden von den Wellen umgeworfen, so daß zunächst das Vieh und dann die Menschen ertranken. Zahlreiche Häuser gerieten, verursacht durch die Panik der Flucht, in Brand, und den Bewohnern blieb nur die Wahl zwischen Feuer- oder Wassertod. Nur das hohe »Wüste Moor« blieb von der Überflutung verschont, hierhin konnte sich ein kleiner Teil der Inselbevölkerung retten.

In seiner »Nordfresischen Chronick« hat Heimreich die dramatischen Stunden wie folgt beschrieben: » . . . Die finstere Nacht hat vielen die große Gefahr verborgen, ihnen auch alle Mittel geraubt, derselben zu entkommen. Viele sind in ihrem Bett im festen Schlafe weggetrieben . . . andere haben sich, ihre Weiber und Kinder mit Stricken aneinander gebunden, daß sie in Liebe vereint auch durch die grausamen Wellen nicht getrennt werden möchten. Viele haben sich auf die Dächer begeben und sind mit denselben als auf einem Schiff herumgeführt worden, welches aber bald von den Wellen zerschlagen . . . daß auf dem einen Stück der Vater, auf einem anderen die Mutter, auf einem dritten das zarte Kindlein hinweggetrieben. Und hat es allenthalben ein jämmerliches Ansehen gehabt, wie unzählig viele tote Leute herumgetrieben . . . wie viele Männer, Weiber und Kinder auf Bretter und Balken hingefahren und Gott und Menschen um Hülfe und Errettung angeschrien. Und ist das allergrößte Elend gewesen, daß jene, die solches hörten, ihnen auf ihr klägliches Jammergeschrei nicht haben helfen können . . .«

Die Schreckensbilanz dieser Sturmflut kommt in den folgenden Zahlen zum Ausdruck: Es ertranken 6123 Menschen, darunter 9 Prediger und 12 Küster. 1339 Häuser wurden völlig weggerissen, 28 Windmühlen und 6 Glockentürme abgetrieben. An Tieren, Pferden, Ochsen, Kühen, Schafen und Schweinen ertranken nicht weniger als 50000 Stück. Unschätzbar auch der Schaden an Korn und Mobilien. Die Deiche waren auf weite Strecken völlig weggespült. Insgesamt wurden 44 Wehlen verzeichnet.

Von den 22 Kirchen, die es auf Alt-Nordstrand vor der Sturmflut gab, blieben nur drei bestehen, zwei davon, nämlich die Alte- und die Neue Kirche auf Pellworm sowie die Kirche von Odenbüll in der Edomsharde. Die anderen Kirchen wurden zwar nur zum Teil in der Sturmflutnacht zerstört, doch waren die Kirchspiele derart verwüstet und menschenleer geworden, daß die Kirchen in der Zeit zwischen 1634 bis etwa 1640 abgebrochen und mitsamt dem Inventar verkauft wurden.

Nur 2633 Inselbewohner hatten die Sturmflut überlebt. Davon zogen viele angesichts ihrer zerstörten Heimat und der Not des bevorstehenden Winters weg. Die wenigen Zurückgebliebenen aber konnten in dieser Situation unmöglich an eine Wiederbedeichung der Insel denken. Alt-Nordstrand war verloren.

Die niederländischen Partizipanten

Einige Zeit nach der Sturmflut von 1634 nahm Herzog Friedrich III. die »erbärmlichen Schäden« höchstselbst in Augenschein und »zog sich diese hoch zu Gemüte«. Eine durchgreifende Hilfe zur Wiedergewinnung der Gesamtinsel blieb jedoch aus. Und Proklamationen im Januar und März des Jahres 1635 über die Pflicht der Wiederbedei-

Karte aus der Zeit um 1740 mit den getrennten Inselteilen

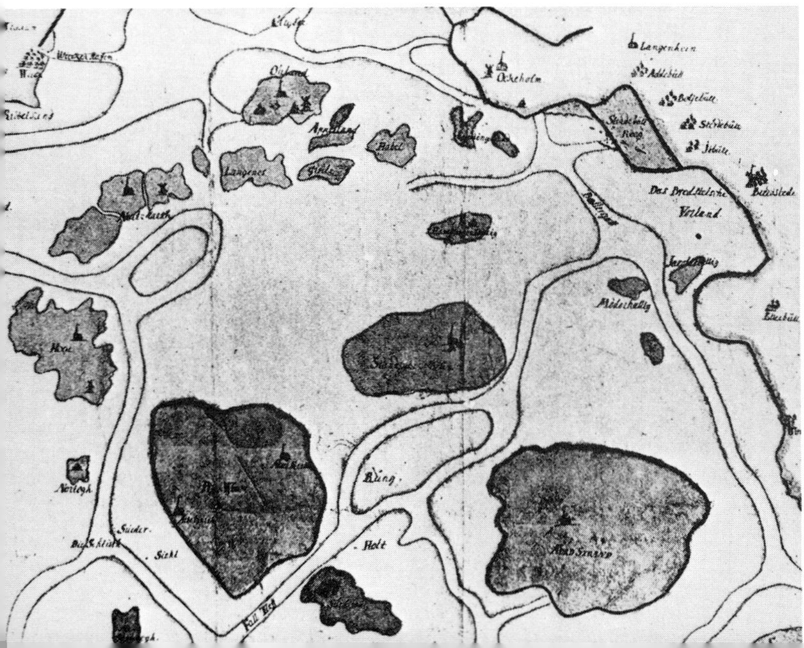

chung und der Verordnung, »daß alle ausgewanderten Untertanen sich wieder in das Land Nordstrand begeben und die ihren beikommenden Ländereien haftenden Deiche wieder im vorigen guten Stand bringen«, hatte angesichts der katastrophalen Zustände wenig Erfolg. Rund 20 Jahre lang blieb das Restgebiet von Nordstrand ohne Deichschutz liegen und wurde bei jeder größeren Flut überschwemmt. Lediglich den Pellwormern gelang es, mit Hilfe eines Holländers den größten Teil ihrer Harde durch Neubedeichung zu erhalten. Die übrigen Flächen des alten Nordstrandes blieben jedoch liegen, wurden in einzelne Landstücke mit Halligcharakter verwandelt und von der Flut abgebaut. In kurzer Zeit begann sich zwischen Pellworm und dem östlich liegenden Inselrest eine Wattenfläche auszubreiten. Vergeblich waren die Bemühungen der Einwohner von Trindermarsch und des benachbarten Gaikebüller Kooges, von Horsbüll, Odenbüll und Ewensbüll. – Ihre »Schütten und Dämme« wurden am 20. Oktober 1635 wieder überflutet, »so daß man, weil alles umsonst gewesen, der Anstrengung müde geworden«. Der Mißerfolg löste eine erneute Auswanderung aus, nachdem eine Bittschrift an den Herzog nicht zu den gewünschten Hilfeleistungen führte.

Entmutigt durch die vergeblichen Versuche der Wiederbedeichung, wandten sich die Bevollmächtigten von Nordstrand Anfang 1636 an einen Niederländer namens Wilhelm von dem Hove, damit er Interessenten für die Bedeichung gewinnen sollte. Diesen Bestrebungen schloß sich der Herzog an und versprach »denjenigen, welche zur Wiederbedeichung des Nordstrandes beitragen, wohlannehmliche Conditionen zu gewähren«. Im Juni 1636 kam es zu Verhandlungen mit dem Niederländer Christian Becker, dem der Herzog ein Oktroi mit umfangreichen Rechten und Freiheiten als Gegenleistung für die Neueindeichung anbot. Es gelang Christian Becker jedoch nicht, kapitalkräftige Interessenten aufzutreiben. Auch spätere Verhandlungen mit dem Niederländer de By verliefen ohne Resultat. Die Zerstörung der Inselreste durch das Meer schritt weiter fort und die Nordstrander blieben im Elend, wovon Bittschriften, Almosensammlungen und Gesuche um die Erlaubnis zur Auswanderung zeugen.

17 Jahre waren seit der Sturmflut von 1634 vergangen, als sich eine erneute Gelegenheit bot, niederländische Interessenten für die Wiederbedeichung des Restnordstrandes zu gewinnen. Nach einem Angebot des Herzoges gelang es Quirinus in der Velden, in seiner niederländischen Heimat mehrere Interessenten zu finden. Als Teilhaber,

Partizipanten, meldeten sich Alewyn von der Wort, Abraham von den Werken, J. Joseph de Schmidt sowie Quirinus in der Velden selbst. Diese vier Partizipanten erhielten am 18. Juli 1652 ein Oktroi mit umfangreichen Freiheiten und Rechten, allerdings zum Nachteil der eingesessenen Nordstrander, die ihren Besitz verloren und nahezu Leibeigene der neuen Landesherren wurden.

In den 24 Artikeln des Oktrois wurde unter 1. den Hauptpartizipanten alle Ländereien nebst Vorland, Moor, Anwachs und Schlick des ganzen Nordstrandes übereignet, ausgenommen die Harde Pellworm mit dem dortigen Anwachs, der Besitz der Hamburger Gebrüder Amsinck und die Güter Meinstorffs und Hensebeks. Gleichzeitig wurde den Hauptpartizipanten die freie Ausübung der Fischerei und Jagd, der Gerichtsbarkeit und Polizeigewalt, des Kirchenpatronats und andere Gerechtsame übertragen. Zeit, Umfang und Reihenfolge der Wiederbedeichung wurden dem Gutdünken der Hauptpartizipanten freigestellt.

Unter 2. wurden die Ländereien und Vorrechte den Hauptpartizipanten, ihren Teilhabern und Erben für alle Zeit unwiderruflich zugesichert. Auch das Kirchenland nebst allen Erträgen wurden ihnen übereignet. In den weiteren Artikeln erhielten die neuen Landesherren das Recht, Fährstellen einzurichten und den Güterverkehr zu kontrollieren. Für die Abdämmung der Wehlen durften Buschwerk und Pfähle unentgeltlich aus den Hölzungen des Herzoges entnommen werden . . . Ohne Gegenleistung wurde den Hauptpartizipanten Kirchen, Pfarrhäuser, Schleusen und Siele zugestanden. Unter 8. erhielten die Hauptpartizipanten das Recht, Wind- und Pferdemühlen zu errichten und alle Handwerke zu betreiben. Die Hauptpartizipanten und ihre Nordstrander Untertanen durften im herzoglichen Gebiet weder verhaftet noch gepfändet werden, sondern sollten zunächst ihrem Richter auf Nordstrand unterstellt sein. Nachfolgende Artikel regelten die Freiheit des Handels und des Zolls, die Festsetzung von Tonnen-, Baken- und Hafengeld. Besonders wichtig war auch der Artikel 10, der die Religionsfreiheit zusicherte – waren doch die neuen Herren überwiegend katholischen Glaubens (siehe S. 48). Unter 11. wurde den Hauptpartizipanten ein eigenes Landrecht mit den entsprechenden Gerichts- und Polizeibehörden bewilligt, der Herzog verlangte jedoch den Treue-Eid. Artikel 14 ermächtigte die Niederländer, ein eigenes Deichrecht zu erlassen, und unter 16. erhielten sie das Recht, die Häuser der ehemaligen Einwohner, aber auch die neuen

Häuser auf dem »Moor« zu kaufen oder abbrechen und beseitigen zu lassen . . . Die Hauptpartizipanten sollten nicht mit der Einquartierung von Soldaten belastet werden und, ob Krieg oder Frieden, für 14 Jahre nach jeder Bedeichung nicht nur von Steuern und Abgaben, sondern auch von Schatzungen befreit sein. Der Herzog hingegen verpflichtete sich, die Hauptpartizipanten und alle Bewohner Nordstrands gegen Angriffe zu schützen . . .

Die Verkündung dieser umfangreichen Rechte und Zugeständnisse bedeutete jedoch gleichzeitig für die eingesessenen Bewohner von Nordstrand die Entrechtung und Enteignung. Am 19. September 1653 wurde eine entsprechende Proklamation über die Abtretung der Ländereien mit Zubehör an den demnächst eintreffenden Hauptpartizipanten J. Joseph de Schmidt erlassen und am 3. Oktober 1653 durch Pastor Heimreich von den Kanzeln der Kirchen zu Odenbüll und des »Moores« verlesen . . . »was nicht ohne Zähren der alten Landeigentümer geschah«. Viele der Enteigneten wanderten aus, andere blieben, um den neuen Herren zu dienen.

Die Neubedeichung der Inselreste

Im Jahre 1654 beginnt die Geschichte der neuen, heutigen Insel Nordstrand. Nach der Sturmflut von 1634 war Nordstrand 20 Jahre ohne Deichschutz geblieben. Doch nun gelang es, in der Zeit zwischen 1654 und 1656 trotz einer Sturmflut, die im August 1655 das neue Werk durchbrach, den ersten Koog mit einer Größe von 1262 Demat (ca. 630 ha) zu bedeichen. Er wurde zu Ehren des Herzoges Friedrich »Friedrichs-Koog« genannt, heute »Alter Koog«. Die Partizipanten dieses geglückten Unternehmens waren J. Joseph de Schmidt, Quirinus in der Velden und seine Brüder Benedictus und Johannes.

Die Zerstörungen der genannten Sturmflut, aber auch die Unwilligkeit der einheimischen Deicharbeiter gegen ihre neuen Herren, führten jedoch dazu, daß die veranschlagten Kosten von 228000 Gulden, etwa 912000 Reichstaler, wesentlich überschritten wurden. Einige hundert Deicharbeiter, Koyers, mußten angesichts der Haltung der hiesigen Einwohner aus Brabant geholt werden, um den einheimischen Koyers die Stirn zu bieten. Die Partizipanten befürchteten gar, daß sie »gänzlich durch die feindlich gesinnten Insulaner massacrieret« wären, wenn die Brabanter Koyers dies nicht verhindert hätten. Verständlicherweise wirkten die rücksichtslosen Enteignungsmaßnahmen des Herzoges noch lange nach und kamen durch feindselige Aktionen zum Ausdruck.

Von den vier Hauptpartizipanten waren drei katholischen Glaubens. In ihrem Gefolge kamen belgische Oratorianer als Patres nach Nordstrand. Der Obere der Oratorianer, de Cort, übernahm gegen die Übertragung des Zehntrechtes das Pfarramt und erwarb im Sommer 1656 für 40000 Gulden die Rechte und den Besitz des Hauptpartizipanten J. Joseph de Schmidt. Damit war de Cort selbst Hauptpartizipant geworden, und im Juli 1656 wählte man ihn zum Leiter der weiteren Unternehmen.

Die erfolgreiche Bedeichung des Friedrichs-Kooges lockte weitere Interessenten an. Bereits im Jahre 1657 gelang es, den zweiten Koog einzudeichen, der nach der Herzogin »Marien-Elisabeth-Koog«, heute Oster-Koog, genannt wurde. Obwohl auch diesmal eine Sturmflut Schäden anrichtete, betrugen die Bedeichungskosten des etwa 1100 Demat (knapp 550 ha) großen Kooges nur 58560 Reichstaler. Wiederum mußten jedoch einige hundert Koyers aus Brabant geholt und zu ihrem Schutz eine kleine Schanze aufgeworfen werden, »um sie gegen die Wut der einheimischen Koyer, die zweimal revoltierten«, zu schützen.

Inzwischen war die Zahl der Partizipanten auf 24 gestiegen. Davon kamen zehn aus Brabant, mit Christian de Cort, seinen Brüdern, einem Schwager und Neffen an der Spitze. Weitere acht stammten aus Holland und sechs aus Frankreich. Sie teilten sich in Partizipanten und Hauptpartizipanten.

Im Jahre 1663 wurde die Gewinnung eines dritten Kooges, des Trindermarsch-Kooges, in Angriff genommen und glücklich vollendet. Mit einem Kostenaufwand von etwa 60000 Reichstalern wurde eine Fläche von 1500 Demat eingedeicht und unter die brabanter, holländischen und französischen Partizipanten aufgeteilt.

Nach der Bedeichung des Trindermarsch-Kooges wurde am 4. 5. 1666 eine neue Deichordnung, die »Keur van Noordstrand« erlassen, deren wesentlichster Inhalt bestimmte, daß die Unterhaltung und Wiederherstellung der Deiche nicht mehr aus gemeinsamen Mitteln, sondern nach der Größe des Grundbesitzes durchzuführen sei. Dem Grundbesitz entsprechend wurde den Landeigentümern durch das Los eine Deichstrecke zur ständigen Unterhaltung zugewiesen.

Binnen zehn Jahren waren drei Köge gewonnen und weitere Flächen, teils Inselreste, teils Anwachs, boten sich für die Eindeichung

Reetgedeckte Katen auf dem Westerdeich
und Bauernhof bei Norderhafen im Alten Koog

Häuserzeilen auf »Dreisprung« im Neuen Koog
und auf dem »Langen Deich« des Trendermarschkooges

an. Christian de Cort, Leiter und Initiator der bisherigen Maßnahmen, faßte nun die Gewinnung eines vierten Kooges ins Auge. Es kam jedoch zu Auseinandersetzungen mit den anderen Partizipanten, in deren Gefolge de Cort nicht nur sein Vermögen, sondern auch vorübergehend seine Stellung verlor. Er starb am 24. Oktober 1669.

Die Streitigkeiten über eine weitere Bedeichung gingen jedoch auch nach dem Tode de Corts weiter. Zusätzliche Verwirrung stiftete eine Anthonetta Bourignon, die sich als Erbin de Corts bezeichnete. Uneinigkeiten zwischen den Partizipanten, häufiger Besitzwechsel sowie politische Unruhen kennzeichnen die folgenden Jahre. Erst 1683 wurde auf einer Generalversammlung in Amsterdam die Eindeichung eines weiteren Kooges diskutiert. Es dauerte jedoch noch bis 1690, ehe sämtliche Hauptpartizipanten dem Herzog in Schleswig mitteilten, daß sie im kommenden Frühjahr gemäß dem Oktroi von Anno 1652 mit der Gewinnung einer weiteren Außendeichsfläche zu beginnen gedachten. Herzog Christian Albrecht erteilte dem Vorhaben seinen Segen.

Dieser vierte Koog umfaßte einen Teil von Hersbüll, Evensbüll, Lith und Hamm mit einer Fläche von knapp 900 Demat. Er erhielt den Namen »Neuer Oster-Koog«, heute Neuer Koog. Insgesamt waren damit von jener Landfläche, die nach der Sturmflut von 1634 noch vorhanden war, 4845 Demat, etwa 2388 ha, zusätzlich zur Pellwormharde wieder eingedeicht, und das neue Nordstrand begann Gestalt zu bekommen.

Inzwischen gingen die halligartigen Landreste zwischen Pellworm und dem neuen Nordstrand jedoch nach und nach verloren. Zwischen beiden Inseln verbreiterte sich der Wattenstrom Norder-Hever und die Wattenflächen dehnten sich aus. Lediglich das »Moor« (Nordstrandisch Moor), inzwischen mit einer Anzahl von Warften und einer Kirche bebaut, blieb erhalten. Karten von 1668, aber auch von 1720, zeigen noch einen Lahnungsdamm zwischen Nordstrand und dem »Moor«. Doch wenig später wurde dieses Werk ein Raub des Meeres. Ein Tief, die Holmer Fähre, brach hier durch.

In den neuen Kögen Nordstrands begannen die Aufwendungen und Anstrengungen der Wiederbedeichung jedoch Früchte zu tragen. Der gute Boden erbrachte reiche Ernten, doppelt soviel, wie die Nordstrander zum eigenen Lebensunterhalt benötigten, so daß sich ein reger Handel mit den Überschußprodukten entwickelte.

Auch die Natur ließ Nordstrand jahrelang in Ruhe, größere Sturmfluten blieben aus. Eben nach 1700, als die 14jährige Abgabenfreiheit nach der Eindeichung des letzten Kooges im Jahre 1691 bis auf wenige Jahre abgelaufen war, befaßten sich die Hauptpartizipanten mit einem erneuten Bedeichungsplan. Dazu boten sich die umfangreichen Vorland- und Anwachsflächen im östlichen Insellee an. Doch die vom Staller Franciscus in der Velden, einem Sohn des Quirinus in der Velden, gemachten Vorschläge kamen nicht zur Ausführung. Offenbar gaben sich die Hauptpartizipanten mit dem bisher erreichten zufrieden.

Der Christians-Koog, ein vergebliches Werk

In den Jahren 1717 und 1720 ereigneten sich zwei Sturmfluten, die sich verhängnisvoll auf Nordstrand auswirkten und das bisher Erreichte schwer beeinträchtigten. Die erste Flut erfolgte in der Weihnachtsnacht. Der Osterkoogsdeich wurde auf mehreren Abschnitten bis auf den Grund weggerissen, so daß der Osterkoog und über die Mitteldeiche hinweg auch die anderen drei Köge »ganz mit Salzwasser überschwemmt wurden«. Daß nur 5 Menschen ertranken, war dem Umstande zu verdanken, daß die Katholiken auf dem Heimwege von der Kirche wegen des Unwetters über den Deich schauten und dort bemerkten, »daß die Flut mit heftigem Ungestüm und großer Geschwindigkeit sich erhöhete«. Die am Deich wohnenden Menschen wurden geweckt und gewarnt, so daß sie sich in Sicherheit bringen konnten.

Im Osterkoog waren nach der Sturmflut die größten Schäden zu verzeichnen. Hier ertranken 5 Einwohner, 116 Stück Hornvieh und Pferde, sehr viele Schafe und sonstiges Kleinvieh. Nach übereinstimmenden Berichten stieg diese Flut noch einen halben Meter höher als die Flut von 1634. Ungeachtet des strengen Winters begannen die Partizipanten sofort mit der Reparatur der zerstörten Deiche, wobei die Kosten von etwa 50000 Reichstalern entsprechend den Landanteilen bezahlt wurden. Eine Sturmflut im Februar 1718 brach abermals durch die noch vorhandenen Deichlücken, doch wurde die Wiederherstellung der Deiche auf der Grundlage der Verordnung von 1666 energisch fortgesetzt. Mit ziemlicher Sicherheit haben diese entschlossenen Maßnahmen den Bestand der Insel gerettet – denn 1720 folgte eine weitere, alle anderen übertreffende Sturmflut, die jedoch auf feste Nordstrander Deiche traf.

Nach der Sturmflutreihe von 1717 bis 1720 folgten ruhige Jahrzehnte, und nun wurde die Bedeichung einer Vorlandsfläche erneut ins Auge gefaßt. Zu diesem Zweck untersuchte eine Abordnung der Partizipanten die Gaikebüller Hallig nördlich des Friedrichs-Kooges, traf jedoch dann die Feststellung, daß das Vorland nordöstlich des Marien-Elisabeth-Kooges geeigneter war. Im Jahre 1737 wurde der Bedeichungsplan aufgestellt und bald darauf begann Pater Deurinck mit 16 Partizipanten mit der Arbeit. Die Eindeichung wurde im Jahre 1739 vollendet, verursachte aber übermäßig hohe Kosten. Da nur das Oratorium und einer der Partizipanten ihren Anteil bezahlten, blieben fast 90000 Reichstaler als Schuld der Unternehmer haften. Der neue Koog erhielt den Namen »Christians-Koog«, nach dem dänischen König als obersten Landesherren. Seine Größe betrug rund 1140 Demat.

Aber der Christians-Koog hatte keinen Bestand. Am 11. September 1751 brach eine schwere Sturmflut über Nordstrand herein und richtete an den Deichen wieder schwere Schäden an, die sich in etwa mit den Auswirkungen der Sturmflut von 1717 vergleichen ließen. Um die Reparaturkosten in Höhe von 50000 Reichstalern aufzubringen, wurde zwischen den Hauptpartizipanten und den Landpächtern vereinbart, daß die Pächter je Demat 2 Reichstaler beitrugen. Die vier alten Köge waren von Überschwemmungen verschont geblieben, aber der Deich des 1739 gewonnenen Christians-Kooges wurde bis auf Reste vernichtet. Im völlig überfluteten Koog stürzten die Häuser ein und die bereits geborgene Ernte sowie die noch auf den Feldern stehenden Früchte waren verdorben.

Trotz einer Anleihe und einer königlichen Resolution über eine 7jährige Abgabenfreiheit nach den Regeln des Oktrois von 1652 gelang es den seit der Bedeichung des Kooges noch hoch verschuldeten Partizipanten nicht, die Mittel zur Wiederbedeichung aufzubringen. Eine zweite Sturmflut suchte Nordstrand und den Christians-Koog im Jahre 1756 heim. Dabei wurden die Deichreste völlig abgetragen, so daß der kaum gewonnene Koog wieder Vorlandscharakter erhielt. Jene Partizipanten, die ihren Landbesitz nebst Höfen in den alten Kögen verpfändet hatten, gerieten durch dieses Ereignis in Konkurs. Auch das Oratorium verlor zunächst seinen Grundbesitz auf Nordstrand, konnte jedoch später 437 Demat sowie das Herrenhaus und einige kleinere Gebäude zurückkaufen.

Der Rückzug der Niederländer

Die Sturmfluten des 18. Jahrhunderts und die damit verbundenen Schäden bzw. Aufwendungen für Deich- und Schleusenreparaturen blieben nicht ohne Folgen auf die weitere Entwicklung der Besitzverhältnisse. Vor allem die Sturmflut des Jahres 1751 verursachte den Partizipanten so große Kosten, daß sie einen wesentlichen Teil der Deichreparaturen ihren einheimischen Pächtern überließen und mit Landanteilen bezahlten oder in deren Schuld gerieten. Andere Partizipanten, die in ihrer niederländischen Heimat geblieben waren, verkauften, um nicht ständig neue Summen an die Wiederherstellung von Deichen zu verlieren, ihren Landbesitz auf Nordstrand. Und nicht wenige wurden des Kampfes mit den Naturgewalten müde und zogen in ihre Heimat zurück.

Durch diesen Besitzwechsel bahnte sich in der zweiten Hälfte des 18. Jahrhunderts ein entscheidender Wandel der Bevölkerungsstruktur auf Nordstrand an. Die Landpächter waren überwiegend die Nachkommen der überlebenden und zurückgebliebenen Nordstrander aus der Sturmflut von 1634 oder stammten aus benachbarten nordfriesischen Landschaften. Hatten seinerzeit die Niederländer und Brabanter über den Rest der verbliebenen Nordstrander dominiert und deren Sitten und Sprache verdrängt, so nahm nun die Zahl der Einheimischen wieder zu. Die Namen der Hauptpartizipanten in der Velden, Muggenhoven, van Vreden, Outheusden, Ernsthuis und andere verschwanden, während die Familiennamen anderer verdeutscht wurden. Brauer (Brouwer), Baudewig (Boudewijn), Clausen (Claasen), Cors, Empen, Gutbier (Goedbier) oder Wauer (Wouver) heißen heute die Nachkommen der Niederländer und Brabanter, die einen Teil des alten Nordstrandes wiedergewannen.

Entsprechend der Bevölkerungsstruktur änderten sich auch die Sprachverhältnisse und die Religionszugehörigkeit. Im Jahre 1835 lebten auf Nordstrand 1779 Einwohner. Davon waren 1500 plattdeutschredende Lutheraner und 279 Katholiken einschließlich 35 Jansenisten. Nur noch wenige Insulaner sprachen flämisch.

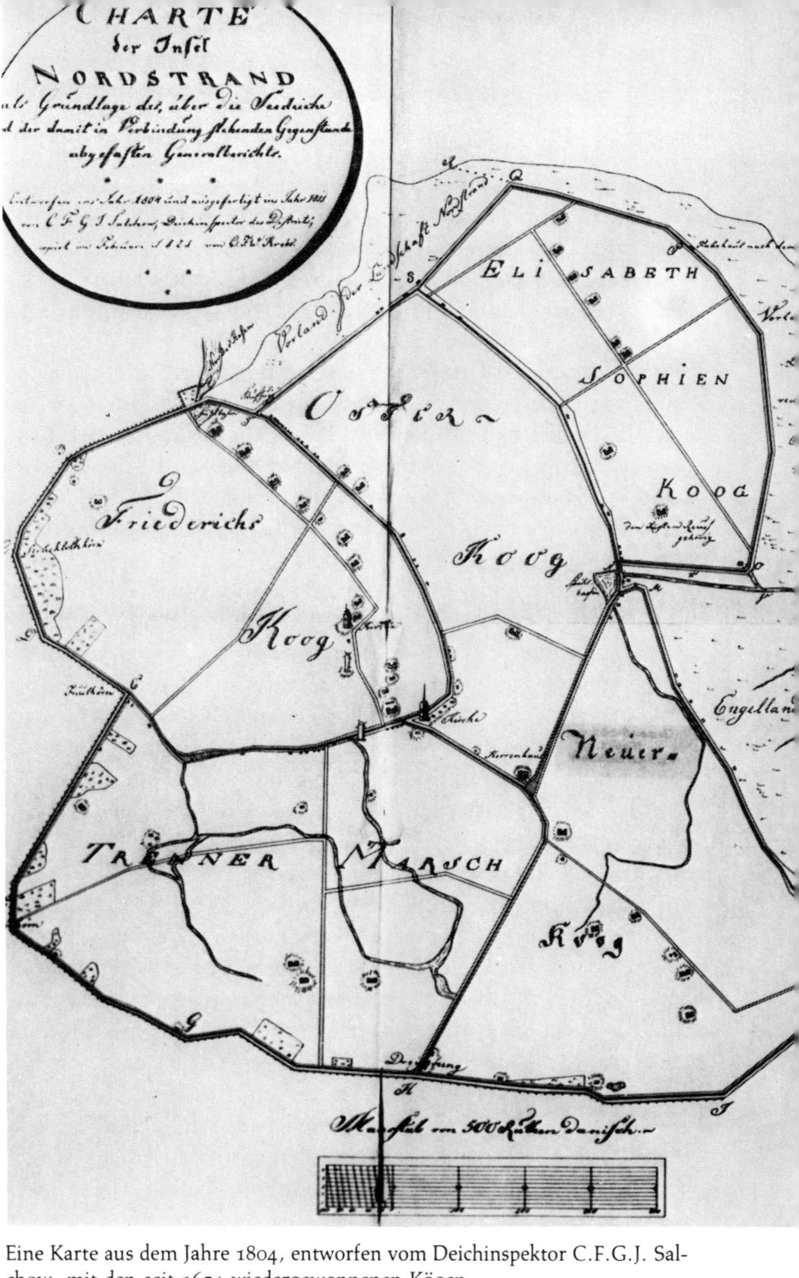

Eine Karte aus dem Jahre 1804, entworfen vom Deichinspektor C.F.G.J. Salchow, mit den seit 1654 wiedergewonnenen Kögen

Graf Desmercieres

Im Jahre 1768 trat mit dem Grafen Desmercieres ein neuer Landinteressent auf Nordstrand auf. Er kaufte von den Hauptpartizipanten eine Teilfläche des verloren gegangenen Christian-Kooges und führte in den Jahren 1770/71 mit Erfolg die Wiederbedeichung, allerdings auf einer anderen Deichlinie, aus. Nach der Frau des Grafen wurde der neue Koog »Elisabeth-Sophien-Koog« genannt.

Graf Jean Henri Desmercieres, geboren 1687 in Paris, Geheimer Konferenzrat und Direktor der Königlichen Bank in Kopenhagen, war an der nordfriesischen Küste kein Unbekannter. Aus eigener finanzieller Kraft hatte er 1741 und 1756 zwei Köge vor Bredstedt eingedeicht und mustergültig besiedelt. Anerkennung fanden dabei vor allem die Profile seiner Deiche, deren flach abfallende Außenböschung den Wellen keine Angriffsflächen bot.

Wie schon bei seinen Bredstedter Werken ließ sich Graf Desmercieres auch bei seinem Nordstrander Koog weniger von finanziellen, als ideellen Motiven leiten. Sein uneigennütziges Ziel war vor allem, einheimischen Familien Landbesitz zu vermitteln. Noch ehe die Bedeichung des Elisabeth-Sophien-Kooges vollendet war, erschien am 24. Juli 1770 eine Bekanntmachung über die »Conditiones, wonach der wiederbedeichte Christians-Koog auf der Insel Nordstrand, von welcher eine regulaire tägliche Schiffahrt nach Husum und dem Sophien-Magdalenen-Koog eingeführet ist, in dem künftigen Jahre 1771 . . . öffentlich verkauft werden soll«.

Die gedruckte Bekanntmachung wurde in den Kirchen des Landes verlesen. Eingangs der 14 Artikel verkündet Graf Desmercieres, daß er . . . »das allgemeine Beste nicht weniger als seinen eigenen Nutzen zum Augenmerk gehabt . . . und wird auch, um diese Absicht zu erfüllen, bei der demnächst vorzunehmenden öffentlichen Feilbietung nicht so sehr darauf bedacht seyn, reiche vermögende Käufer zu finden, die mit barem Gelde davon Besitz nehmen können, als vielmehr anderen, denen das Glück nicht so gewollt (wenn sie nur durch Arbeitsamkeit, gute Sitten und vernünftiges Betragen solchen Mangel zu ersetzen suchen) eine Gelegenheit zu einem vorteilhaften Etablissement zu verschaffen . . .«.

Die finanziellen Bedingungen für die künftigen Besitzer waren sehr günstig. Nach zwei Freijahren sollte der Abtrag der halben Kauf-

Graf Jean Henri Desmercieres

Elisabeth-Sophie

summe einschließlich der Zinsen binnen 10 Jahren erfolgen, die andere Hälfte »zu ewigen Tagen radicirt« bleiben und mit jährlich 4 % verzinst werden. Der Elisabeth-Sophien-Koog hatte eine Größe von etwa 900 Demat, die in 15 Grundstücke geteilt und an folgende Käufer vergeben wurden: Carsten Nickelsen, Carsten Ketelsen, Thomas Johannsen, Peter Hansen, Ketel Lorenzen, Jacob Bucholtz, Christian Hansen, Abbe Jakobsen, Friedrich Jacobsen und Peter Jacobsen.

Von Anfang an erhielt der Koog eine Sonderstellung, die auch heute noch als selbständige Gemeinde innerhalb Nordstrands in mancher Beziehung bis in die Gegenwart hinein behauptet wird. Während z.B. die Partizipanten des gescheiterten Christian-Kooges nur eine siebenjährige Abgabenfreiheit erhielten, setzte Graf Desmercieres für den von ihm bedeichten Koog eine 14jährige Befreiung durch, die dem Käufer zugute kam. Durch eine Resolution des Königs Christian VII. von Dänemark wurde der Koog auch nicht unter das Nordstrander- sondern unter das Eiderstedter Landrecht gestellt. Und einer Behauptung des gräflichen Nachlaßverwalters zufolge galt für den Koog auch nicht der Oktroi von 1652, sondern der Oktroi der Bredstedter Reußenköge, die Graf Desmercieres eingedeicht hatte.

Nach der Sturmflut von 1825, als die Nordstrander Deiche einen Schaden von 20000 Reichstalern, der Deich des Elisabeth-Sophien-Kooges aber nur von 110 Reichstalern zu verzeichnen hatte, stellte der verantwortliche Staller von Nordstrand beim Obergericht in Schleswig den Antrag auf Bildung einer gemeinsamen Deichgenossenschaft, um die Lasten breiter zu verteilen. Graf Desmercieres war schon 1778 gestorben, aber den Nachlaßverwaltern gelang es, den Antrag abweisen zu lassen.

Ein weiteres Mal behauptete der Koog seine Selbständigkeit im Jahre 1895, als die Gemeinde Nordstrand beim Kreisausschuß in Husum einen Antrag auf Zusammenschluß vorlegte. Dabei wies die Gemeinde Nordstrand darauf hin, daß hinsichtlich des Gerichtes, des Standesamtes, des Amtsvorstehers, der Post, der Polizei, der Feuerwehr und der Schulinspektion ein gemeinsamer Bezirk mit dem Elisabeth-Sophien-Koog bestand und der Koog Nutznießer bezüglich der Kirche, der ärztlichen Versorgung, des Hafens und der Wasserlösung sei und dafür eine jährliche Vergütung zahle. Ein ungerechtes Verhältnis entstehe jedoch durch die Trennung des Wege-, Armen-, Schul- und Deichwesens, in letzterem Falle besonders durch die Tatsache, daß nach der Eindeichung des Morsum-Kooges im Jahre 1866 die Gemeinde des Elisabeth-Sophien-Kooges um zwei Drittel der Unterhaltungskosten für den Außendeich entlastet wurde. »Deshalb ist es nicht unbillig, wenn selbige Gemeinde zur ganzen Inselbedeichung beisteuert . . .« In einer Verteidigungsschrift machte der Elisabeth-Sophien-Koog jedoch geltend, daß eine Belastung von 300 bis 400 M pro Demat entstehen würde, falls es zu einem Zusammenschluß käme. Der Antrag wurde entsprechend der Landgemeindeordnung abgelehnt. Erst 1957 trat der Elisabeth-Sophien-Koog dem Deich- und Sielverband Nordstrand bei, blieb jedoch bis heute eine selbständige Gemeinde.

Der Elisabeth-Sophien-Koog war der fünfte und vorläufig letzte Koog des neuen Nordstrands. 140 Jahre waren nun seit der Sturmflut von 1634 vergangen, und nach den unerhörten Anstrengungen der Wiederbedeichung breitete sich dank des fruchtbaren Bodens erneut ein gewisser Wohlstand aus. Dazu trug auch eine lange Ruheperiode zwischen 1756 und 1825 bei, in der keine größere Sturmflut die Insel heimsuchte. Dennoch notierte Pastor Kruse, Pellworm, im Jahre 1795: »Von der früheren volkreichen, wichtigen Insel . . . ist mit dem heutigen Nordstrand, Pellworm und einigen ganz kleinen Halligen nicht viel mehr als der vierte Teil der ehemaligen Insel vorhanden. Alles Land, das zwischen diesen Inseln lag und sie ehedem miteinander verband, ist jetzt häßlicher Schlick . . . Von den früheren Gebäuden sind außer Brunnen und Ziegelsteinen keine Spuren mehr vorhanden. Hin und wieder sind noch Abteilungen früherer Felder und Gräben zu erkennen . . . die gewöhnliche Flut steht an manchen Stellen nur zwei Fuß hoch darüber.«

Die Sturmflut von 1825

Nach fast 70jähriger Ruhepause brach in der Nacht vom 3. auf den 4. Februar 1825 ein erneutes Verhängnis über die Insel herein, die bis auf den heutigen Tag höchstgemessene aller Sturmfluten.

»Die Flut kam mit derartiger Gewalt, daß jede Abwehr durch Verstopfung mit Erdsäcken, Rappsaatsegeln und Kistendämmen unmöglich war. Der Deich des Neuen Kooges wurde um 2 Uhr, der Deich der Trendermarsch um 3 Uhr durchbrochen. In dieser Lage war nur daran zu denken, Menschen und Vieh auf schnell zusammengestellten Flößen zu retten. Jedenfalls sind nur zwei Menschen ertrunken . . . Viele Häuser sind ganz zerstört, mehrere eingestürzt. Noch unübersehbar ist der Verlust an Vieh, besonders an Schafen . . . Groß ist der Mangel an Süßwasser, dessen Zufuhr aus den Zisternen der übrigen Köge zwar geschieht, aber nicht ausreicht. Daher ist auf dem Lande das entsetzliche Gebrüll des durstenden Viehs zu hören . . . Die Wintersaat ist in den durchbrochenen Kögen gänzlich vernichtet, es wird 6 – 8 Jahre brauchen, ehe Regen und Sonnenschein die salzige Erde wieder aufgefrischt haben . . .«

Trendermarsch und Neuer Koog waren ganz, der Alte – und der Oster-Koog teilweise, überflutet. Auch der Elisabeth-Sophien-Koog hatte viel Wasser übernommen, so daß viele Schafe ertranken. Aber ein Deichbruch blieb hier aus. Der Schaden an Wohnungen, Vieh, Ländereien und Saat wurde auf 108700 Reichsbanktaler, der Schaden an den Deichen auf 60328 Reichsbanktaler geschätzt. Staller Christiansen befürchtete, daß die Kräfte der Insel nicht ausreichen würden, um diese Schäden zu beseitigen. Im Sommer des Jahres 1825 besuchte König Friedrich VI. im Rahmen seiner Reise zu den betroffenen Inseln und Halligen auch Nordstrand. Schon vorher war eine Kollekte und Haussammlung im Königreich Dänemark und in den Herzogtümern Schleswig und Holstein angeordnet, die für die fünf Nordstrander Köge eine Summe von 7292 Reichsbanktaler erbrachte.

Die folgenden Jahre sind gekennzeichnet von finanziellen Schwierigkeiten und Gesuchen um Steuer- und Abgabenerleichterung, denen seitens der Regierung auch nachgegeben wird. Immerhin hatte die Sturmflut von 1825 auch eine positive Folge. Die langwierigen Querelen zwischen den Nordstrander Deichgrafen und dem regierungsamtlichen Deichinspektor Krebs, der vergeblich auf eine Deichverstärkung und Konstruktionsverbesserung gedrungen hatte, wurden beendet. Auf Betreiben des Deichinspektors wurden nun die immer noch vorhandenen Stackdeiche mit ihrem Bollwerk aus Pfählen am seeseitigen Deichfuß durch flach auslaufende Rasendeiche ersetzt.

Der Morsum-Koog, ein Meisterwerk!

Das Meer nimmt und gibt! Ungeachtet der Sturmfluten und Zerstörungen einerseits, vollzog sich an der Ostseite, im Lee der Insel weiterhin ein zügiger Anwachs des Vorlandes. Und in den Jahren um 1860 stellte sich wieder einmal die Frage einer weiteren Kooggewinnung. Allerdings hatte sich die Rechtslage dahingehend geändert, daß König Friedrich VII. den Hauptpartizipanten wohl den Oktroi von 1652 bestätigte, die Befugnis über die Eindeichung des Anwachses jedoch abgesprochen und der landesherrlichen Entscheidung unterstellt hatte.

Die Verhandlungen, die sich über den Krieg von 1864 und die damit verbundene Einverleibung der Herzogtümer in Preußen hinzogen, führten dann aber doch dazu, daß den Hauptpartizipanten die Eindeichung übertragen wurde. Die Kosten der Bedeichung, auf 380000 Mark berechnet, wurden durch hypothekarische Obligationen gedeckt. Allein von den Nachlaßverwaltern des Etatsrates Donner in Altona wurde eine Summe von 276000 Mark gezeichnet.

Am 15. März 1866 erfolgte der erste Spatenstich. Die Karrenmannschaft zählte 1200 Mann. Hinzu kamen 150 Pferdegespanne von Bauern und Fuhrleuten, an die einzelne Deichstrecken verdungen waren. Gearbeitet wurde in Akkord. Im Laufe des Sommers gelang es, das Engländer Loch zu durchdämmen, Anfang August war der Deich auf halber Höhe geschlossen und bereits am 12. Dezember wurde das vollendete Werk, einschließlich der Wegeerschließung, zweier Schleusen

Der 42 m hohe Silo des Landwirtschaftlichen Bezugsvereines am Süderhafen ist als höchstes Gebäude das Wahrzeichen von Nordstrand

Jollen, Yachten und Motorboote im Süderhafen

Jahrhundertelang war die Schubkarre das wichtigste Instrument der Deichbauer

Abendstimmung am Deich des Morsum-Kooges

und des Dammes hinüber zur Pohnshallig den Hauptpartizipanten als Bauherren übergeben. Anfang Januar 1867 war auch der neue Hafen, der heutige Süderhafen, fertig. Bei einer Deichlänge von 8112 m betrug die nutzbare Fläche des neuen Kooges 1400 Demat, die in 124 Parzellen aufgeteilt, im Sommer 1866 zum Verkauf angeboten wurde. Dabei wurde eine Einnahme von 551 130 Mark erzielt, denen 463 988 Mark an tatsächlichen Bedeichungskosten gegenüberstanden. Entsprechend dem Oktroi von Anno 1652 wurden die Käufer 14 Jahre lang, von der Eindeichung des Kooges gerechnet, von den jährlichen Abgaben in Höhe eines halben Reichstalers je Demat befreit. Außerdem wurden ihnen die weiteren Rechte und Privilegien des Oktrois, soweit diese noch gültig waren, zugestanden.

Der in unglaublich kurzer Zeit vollendete Koog sollte nach den Vorstellungen der Nordstrander »Neuer Osterkoog« heißen. Doch dieser Name wurde von der Regierung nicht akzeptiert, die ihrerseits die Bezeichnung »Morsum-Koog«, in Erinnerung an das 1634 untergegangene Kirchspiel Morsum, vorschlug. Auf Nordstrand wurde diesem Namen zugestimmt.

Küstenschutz als Staatsaufgabe

Die neue Staatszugehörigkeit nach dem Kriege von 1864 zwischen Dänemark und Preußen-Österreich, führte auch zu Veränderungen im Deichwesen und in der Verwaltung. Durch eine Verordnung des preußischen Innenministers wurde am 22. 9. 1867 eine neue Gemeindeverfassung eingeführt. Die Hauptpartizipantenschaft verlor die außerordentliche Machtbefugnis und wurde durch eine von der ganzen Bevölkerung gewählten Gemeindevertretung ersetzt. Und hinsichtlich der Unterhaltung der Deiche, eine ständige, drückende Last der betreffenden Landeigentümer, wurde 1871 verfügt, daß der Schutz der Inseln und Halligen als Wellenbrecher für die Festlandsküste, eine staatliche Aufgabe sei. Beim Bau der Steindecke am Fuß der Nordstrander Deiche, die schon seit längerem von den Deichkonstrukteuren gefordert wurde, übernahm der Staat erstmals den größeren Teil der Kosten, nämlich 7/10. Die Verstärkung der Deiche mit Steindekken war eine der wesentlichen Aufgaben in den letzten Jahrzehnten des 19. Jahrhunderts. Im Jahre 1879 war eine Strecke von knapp 3 km gesichert, so daß Bauinspektor Matthiessen vom preußischen Wasserbauamt dem Nordstrander Seedeich einen hohen Grad an Stärke bescheinigen konnte. Für den Ausbau einer weiteren Strecke von 3 km Deichfuß mit einer Steindecke auf Staatskosten trat die Gemeindevertretung Nordstrands im Jahre 1904 das Vorland östlich des Elisabeth-Sophien-Kooges bis Morsum-Hafen (Süderhafen) an den Staat ab und verzichtete auf das Anwachsrecht. Diese Vereinbarung wurde 1906 vertraglich fixiert. Im gleichen Jahre wurde zum Zwecke der Landgewinnung ein Lahnungsdamm von Pohnshallig-Koog zum Festlande nördlich von Wobbenbüll gebaut. Dieser Damm, 0,5 m über MTHW liegend und für Fußgänger benutzbar, wurde mehrere Male, zuletzt im Oktober 1921, durch Sturmfluten schwer beschädigt, jedoch jedesmal repariert. Er wurde der Vorläufer des heutigen Straßendammes.

Der Pohnshallig-Koog

Bedingt durch den bereits im Jahre 1866 in Zusammenhang mit der Eindeichung des Morsum-Kooges gebauten Damm zwischen Nordstrand und Pohnshalligkoog erfolgte ein derart umfangreicher Anwachs, daß Insel und Hallig um die Jahrhundertwende durch ein großflächiges Vorland miteinander verwuchsen.

60 Jahre nach der Gewinnung des letzten Nordstrander Kooges wurde nun die Eindeichung der Pohnshallig aktuell. Die Gemeinde Nordstrand war jedoch zunächst aus finanziellen Gründen nicht in der Lage, die Bedeichung durchzuführen, und im Jahre 1906 war dann dieses Gebiet Staatseigentum geworden. Erstmalig fiel nun dem Staat die Aufgabe einer Kooggewinnung zu. Der 1. Weltkrieg verhinderte jedoch zunächst die Ausführung des Vorhabens. Gleich nach Kriegsende, 1919, begannen dann aber doch die Bauarbeiten, die keinen glücklichen Verlauf nehmen sollten. Das Domänenrentamt als zuständige Behörde hatte zunächst Schwierigkeiten mit der Organisation und der Gerätebeschaffung für diese neue Aufgabe. Dann kam die Inflation und schließlich im August 1923 eine Sturmflut mit einer Höhe von 2,84 m über MTHW am Husumer Pegel. Es gab Durchbrü-

che und umfangreiche Abschwemmungen des halb fertigen Deiches, verbunden mit einer schwerwiegenden Beschädigung der Geräte. Nach der Sturmflut mußte die Baustelle ganz neu eingerichtet werden. Weitere Schäden richtete eine Sturmflut im Oktober an. Schließlich griff das Ministerium ein und verlangte den Abschluß der Deicharbeiten bis zum Herbst. Doch erst im Frühjahr 1925 erfolgte die Fertigstellung des Deiches. Der neue Koog wurde nach Nordstrand eingemeindet und 1926 in den Deichverband aufgenommen. Die knapp 650 ha große Landfläche des Pohnshallig-Kooges kam, aufgeteilt in 15 Kolonate, 18 Zulagestücke und 18 Anliegersiedlungen, im September 1924 zur Verpachtung. Die Pächter wurden verpflichtet, sämtliche Lasten und Abgaben zu tragen, auf eigene Kosten binnen 5 Jahren die erforderlichen Wohn- und Wirtschaftsgebäude zu errichten und für die Dränage des gesamten Kolonates zu sorgen. Bei den Pächtern handelte es sich vorwiegend um zweite und dritte Bauernsöhne oder Weltkriegsteilnehmer, die sich eine eigene Existenz verschaffen wollten. 6 der Pächter kamen von Nordstrand, 5 aus Dithmarschen, 2 von Föhr und je einer von Hattstedt und Uelvesbüll. Die Zulage- und Anliegerstücke wurden 1925 an die Kolonate oder an Bauern des benachbarten Morsum-Kooges zwecks Vergrößerung ihrer Betriebe verpachtet. 9 Parzellen von 1 – 2 ha wurden bis 1929 an Landarbeiter verkauft, um die Errichtung von Arbeitersiedlungen zu ermöglichen.

Die Pachtkosten, zunächst als Naturalpacht auf die erwartete Roggenernte bezogen, 1926 in Geldpacht umgewandelt, waren jedoch so hoch, daß die Pächter sogleich in Schwierigkeiten gerieten. Bis 1928 konnte noch keine Pacht gezahlt werden, weil die erwarteten Erträge ausblieben. Es wurden auch keine festen Gebäude errichtet, die Pächter hausten mehr oder weniger unzureichend in Baracken. Durch Darlehen und Pachtminderung versuchte der Staat zu helfen, es gab jedoch nur eine Lösung: Die Pächter mußten Eigentümer der Ländereien werden, und dieses Ziel wurde schließlich durch die Einschaltung der »Gemeinnützigen Siedlungsgesellschaft Deutscher Osten« erreicht. Im Jahre 1934 wurden die Pachtstellen in Eigentum übergeführt, wobei die genannte Gesellschaft als Siedlungsträger auftrat. Mit dem Ziel, eine Mischung von Voll- und Kleinbauernhöfen sowie Arbeiter-, Handwerker- und Gewerbestellen zu schaffen, erfolgte die Neueinteilung der Koogfläche in 14 Vollbauernstellen (bisherige Kolonate) von 27 – 35 ha, 8 Neubauernstellen von 11 – 21 ha, 13 Arbei-

Gehöfte im Pohnshallig-Koog

Gräben und Siele entwässern das fruchtbare Land

terstellen von 1 – 2 ha und 3 Handwerkerstellen von 1 – 3 ha. Hinzu kamen die bestehenden 9 Arbeitersiedlungen.

Am 28. April 1937 erfolgte die Eintragung in das Grundbuch, und damit hatte das Siedlungsverfahren seinen Abschluß gefunden. Entwässerung und Straßenausbau, vor allem aber die Dammverbindung mit dem Festlande im Jahre 1935, trugen entscheidend zur Verbesserung der Verhältnisse im Koog bei.

Der Nordstrander Damm

Nach dem Bau des Lahnungsdammes im Jahre 1906 von Pohnshalligkoog hinüber zum Festlande, wurde bald der Plan eines hochwasserfreien Verkehrsdammes ins Auge gefaßt. Bereits vor und nach dem 1. Weltkrieg stellte die Gemeinde Nordstrand entsprechende Anträge und wies dabei nicht nur auf die Förderung der verkehrsfern gelegenen Landwirtschaft auf der Insel, sondern auch auf die zu erwartende Landgewinnung hin. Von staatlicher Seite wurde schließlich die Zustimmung erteilt und ein Betrag von 1,96 Millionen RM zur Verfügung gestellt. Der Kreis beteiligte sich mit weiteren 440 000 RM. Im Juli 1933 wurde mit den Arbeiten begonnen, im Juli 1935 waren Damm und Straße fertig, wobei eine nicht unwesentliche Kostenersparnis zu verzeichnen war. Statt der veranschlagten 2,4 Mio RM kostete der Damm nur 1,8 Mio RM. Nordstrand hatte nun einen festen, sturmflut- und eissicheren Anschluß zum Festlande.

Die Eindeichung der Nordstrander Bucht

Durch den Straßendamm, an dessen beiden Seiten schon ausgedehnte Neulandflächen liegen, hat Nordstrand seinen Inselcharakter verloren. Vollends ein Teil des Festlandes, und zwar in Form einer Halbinsel, wird Nordstrand jedoch sein, wenn das bisher größte Eindeichungsprojekt an der nordfriesischen Küste verwirklicht worden ist: die Eindeichung der Nordstrander Bucht im Zuge des Generalplanes Küstenschutz.

Nach langwierigen Verhandlungen zwischen Bund und Land über eine sogenannte »Kleine Lösung« und der »Großen Lösung« wurde im

Der Lahnungsdamm von 1906, im Hintergrund rechts Hattstedt

Der heutige Nordstrander Damm

Die Eindeichung
der Nordstrander Bucht

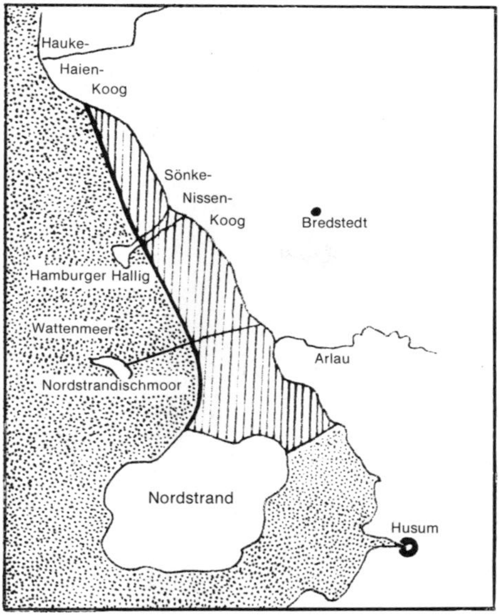

Lahnungsfelder für die Neulandgewinnung am Nordstrander Damm

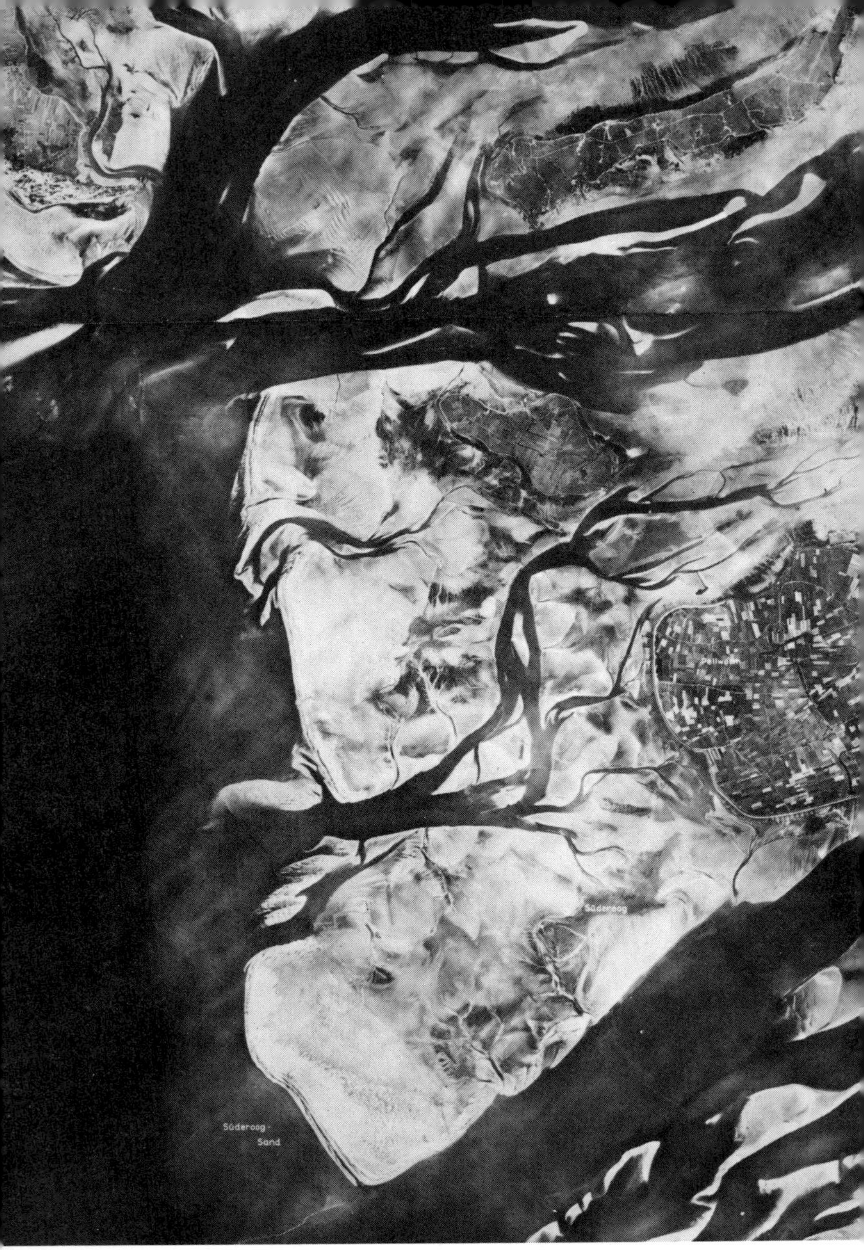

Luftbild Halligmeer mit Pellworm und Nordstrand vor 1983

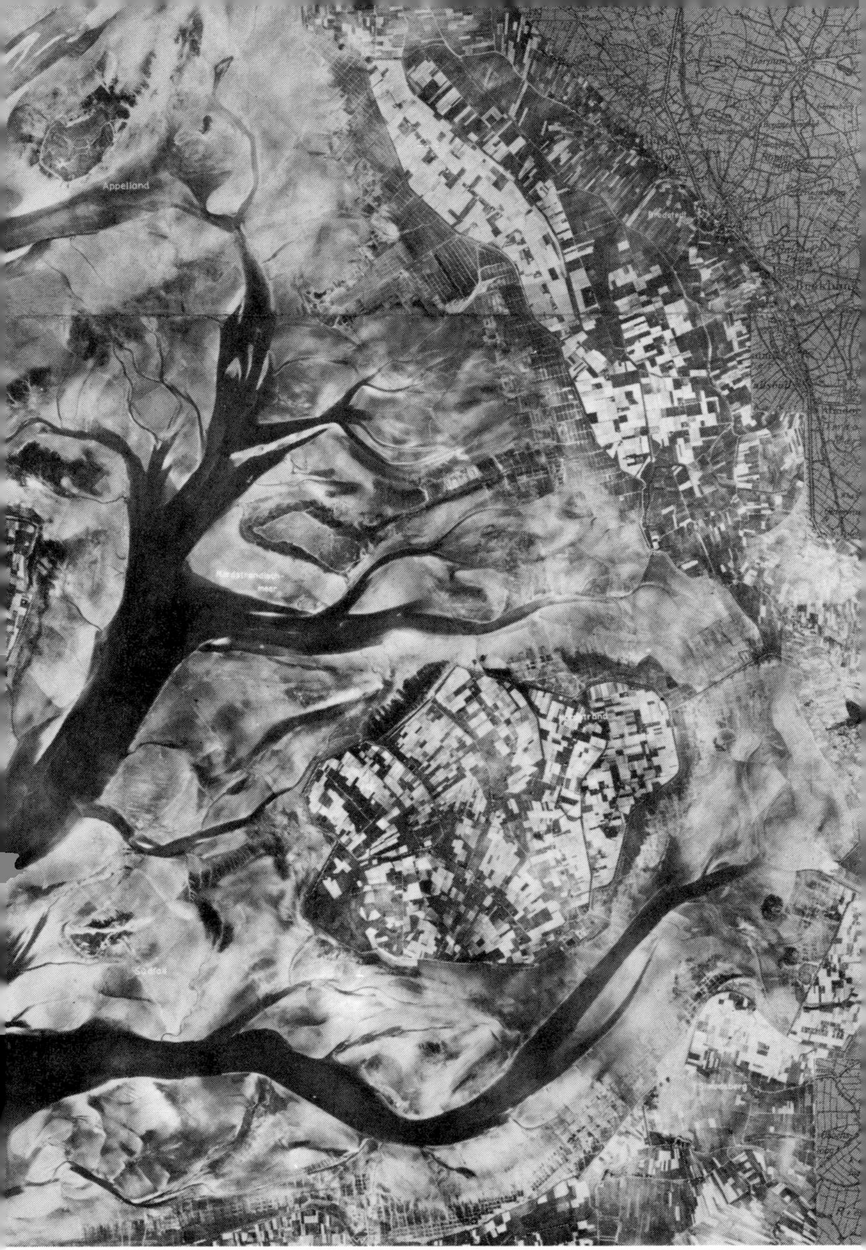
Appelland

Frühjahr 1976 letzterer die Zustimmung erteilt. Von der Nordspitze des Deiches des Elisabeth-Sophien-Kooges soll ein Deich bis hinauf zum Hauke-Haien-Koog gebaut werden und rund 5680 ha Neuland und Wattenfläche einschließen. Die Deichlänge wird 16,7 km betragen.

Ziele dieser aufwendigen Maßnahme sind eine Verkürzung der festländischen Deichstrecke um 12,8 km, ein besserer Schutz für die Hattstedter Marsch und den Ockholmer Koog sowie eine Verbesserung der Vorflutverhältnisse und Entwässerungsprobleme aus dem Einzugsgebiet der Arlau und der Schleuse des Sönke-Nissen-Kooges.

Kirchen und Kirchenleben auf Nordstrand

Die Einwanderung der Niederländer nach der Zerstörung der Insel Alt-Nordstrand durch die Sturmflut von 1634 bedingte eine bis in die Gegenwart geltende Eigenart im kirchlichen Leben Nordstrands. Das auf dem Frieden von Münster und Osnabrück im Jahre 1684 formulierte Prinzip, daß der Landesherr die Konfession seiner Untertanen bestimmte sowie eine Verordnung, die den Katholiken die Ansiedlung in den Herzogtümern Schleswig, Holstein und Lauenburg verbot, hatten für Nordstrand ihre Gültigkeit verloren.

Von den vier Hauptpartizipanten, mit denen der Herzog Friedrich 1652 den Octroi zum Zwecke der Wiederbedeichung der Nordstrander Inselreste abschloß, waren drei katholischen Glaubens. Neben den sonstigen Rechten und Vorteilen wurde den Hauptpartizipanten auch die Religionsfreiheit zugesichert. Als nun die neuen Herren der Insel für das Bedeichungswerk zahlreiche niederländische Landsleute, vorwiegend katholischen Glaubens, auf die Insel holten, entstand in kurzer Zeit ein katholisches Gemeindewesen, wie es innerhalb der Herzogtümer nur noch in Friedrichsstadt, Altona und Glücksburg zu verzeichnen war. Auch hier wurden aus wirtschaftlichen Erwägungen durch den Landesherren, den König von Dänemark, Ausnahmen gemacht.

In Ermangelung eines eigenen Kirchenbaues wurde der katholische Gottesdienst zunächst im evangelischen Pastorat zu Odenbüll abgehalten. Erste Seelsorger waren belgische Oratorianer, eine freie Vereinigung von Weltgeistlichen ohne eigentlichen Ordenscharakter. Ihr Stammsitz in Mecheln hatte sich mit Geldern an der Wiederbedeichung und damit auch am Grundbesitz auf Nordstrand beteiligt, und den Oratorianern, die dem apostolischen Vikar und dem Erzbischof von Utrecht unterstanden, fiel nun die Verwaltung der Nordstrander Güter zu. Sie wurde in der Regel von drei Priestern und zwei Brüdern ausgeübt, die im »Herrenhaus« in klösterlicher Gemeinschaft lebten.

Das Herrenhaus, so genannt, weil die Herren Hauptpartizipanten hier ihre Versammlungen hielten, war im Jahre 1661 auf dem Herrendeich errichtet. Das Gebäude hatte auch eine Hauskapelle erhalten, die man für den katholischen Gottesdienst benutzte, bis Anno 1662 die Kirche St. Theresia erbaut wurde. Im Jahre 1688 wurde zwischen den Hauptpartizipanten und dem Erzbischof von Utrecht ein Vertrag geschlossen, der unter anderem regelte, daß fortan alle Pfarrer an der Theresien-Kirche von Utrecht ernannt werden. Die Verbindung mit Utrecht führte jedoch später zu einer Spaltung der katholischen Gemeinde auf Nordstrand. Im Jahre 1723 trennte sich der Utrechter Stuhl von Rom in Zusammenhang mit einem andauernden und unversöhnlichen Streit um den »Jansenismus«. Der Jansenismus, begründet durch den Bischof von Ypern, Cornelius Jansen, vertrat die Augustinische Gnadenlehre und geriet in Konfrontation mit den römischen Päpsten.

Die Auseinandersetzungen wurden auch in die katholische Gemeinde auf Nordstrand getragen, und als sowohl an der St. Theresien-Kirche als auch in der Leitung des Oratoriums ein Wechsel der Priester eintrat, kam es zum Bruch innerhalb der Gemeinde. Der neue Pastor an St. Theresia, Johannes van Baesrode, war Utrechter und Jansenist, der neue Pater Franziskus Durink am Oratorium jedoch streng römisch.

Die folgenden 120 Jahre wurden gekennzeichnet vom verbissenen Streit zwischen beiden Richtungen. Die Jansenisten, sich später wie auch heute Alt-Katholiken nennend, blieben eine von Rom unabhängige Kirche mit einer eigenständigen, altkatholischen Gottesdienstordnung, dem Recht auf Bischofswahl, der Befreiung vom Zölibat und einem Mitspracherecht der Gemeinde in Fragen der Kirche und des weltlichen Lebens.

Die Alt-Katholiken erhielten vom Landesherren die Theresien-Kirche und die Parochie zugesprochen, während der römisch-katholischen Gemeinde ein eigener Kirchenbau untersagt wurde. Sie hielt nun wieder Hausgottesdienst im Oratorium. Die Oratorianer durften jedoch keine offiziellen Amtshandlungen ausüben, deshalb erfolgte die Taufe der römisch-katholischen Kinder bis zum Jahre 1807 durch die alt-katholischen Pfarrer in der Theresien-Kirche, auf deren Friedhof auch die Beerdigungen stattfanden. Doch zum Trauen fuhren die römischen Katholiken nach Friedrichsstadt, wohin sich aus »Gewissensgründen« mancher auch zu anderen kirchlichen Anlässen wandte.

Ungeachtet der Tatsache, daß die römisch-katholische Gemeinde die größere war, blieb die Theresien-Kirche mit ihren Rechtstiteln im Besitz der Alt-Katholiken. So hieß es in einem Erlaß des Landesherren im Jahre 1826 u.a.: »Die jansenistische Kirche auf Nordstrand bleibt nach wie vor die katholische Parochialkirche und ist auf landschaftliche Kosten zu unterhalten . . . Solange beide Kirchen nebeneinander bestehen, ist es den dortigen katholischen Eingesessenen erlaubt, sich, zu welcher sie wollen, zu halten . . . Der Kirchhof bei der Parochialkirche bleibt wie bisher der gemeinschaftliche Begräbnisplatz für die Angehörigen beider Religionsparteien . . .« Eine ähnliche Entscheidung erfolgte noch einmal im Jahre 1860.

Die Auseinandersetzungen wurden erst beendet, als infolge des Krieges von 1864 zwischen Dänemark und Preußen-Österreich die Herzogtümer aus dem dänischen Gesamtstaat gelöst und Preußen einverleibt wurden. Die nun folgende Religionsfreiheit gestattete der römisch-katholischen Gemeinde einen eigenen Kirchenbau, der 1866 vollendet wurde. Es ist verständlich, daß die jahrhundertelangen Auseinandersetzungen, zu denen noch die seinerzeit üblichen Spannungen mit dem evangelischen Bevölkerungsteil kamen, sich unmittelbar in negativer Hinsicht auf das Zusammenleben der Nordstrander Bevölkerung auswirkten. Erst durch den ökumenischen Geist der Gegenwart sind diese Aversionen abgebaut worden.

Die St. Vinzenz-Kirche zu Odenbüll

Von den drei Kirchen der Insel Nordstrand ist die evangelische St. Vinzenzkirche die älteste. Sie ist auch zugleich die einzige Kirche auf dem Gebiet des heutigen Nordstrandes, die nach der Sturmflut von 1634 erhalten blieb. An die Kirche zu Evensbüll, im jetzigen Neuen Koog gelegen, erinnert nur noch eine leere Warft. Sie wurde ein Raub des Meeres, ebenso wie die Kirchen von Trendermarsch, Lith, Hamm, Hersbüll, Baikebüll und Morsum, die auf oder im unmittelbaren Bereich der gegenwärtigen Insel lagen. Von der zerstörten Kirche zu Morsum sind nordöstlich des Deiches vom Elisabeth-Sophien-Koog noch bis in die jüngste Zeit Fundamentreste im Watt sichtbar gewesen.

Die St. Vinzenz-Kirche zu Odenbüll wurde im 13. Jahrhundert gebaut, doch das ursprüngliche Bild ist nur noch in Resten vorhanden. Die ältesten Bauteile sind die Innenmauern des Mittelschiffes. Im Jahre 1889 wurde die Backsteinmauer rundum »modern« verblendet, so daß der Kirche ihr Alter äußerlich nicht mehr anzusehen ist. Im gleichen Jahre wurde auch der östlich der Kirche stehende Glockenturm abgebrochen und statt dessen ein Dachreiter aufgesetzt, der heute als sichtbares Zeichen der Kirche über die Kronen der Bäume aufragt, hinter denen sich das übrige Gebäude verbirgt. Der ursprünglich spätgotische Altarraum wurde anläßlich der Renovierung im Jahre 1966 durch einen Neubau ersetzt, dessen Fundamentstützen wegen des weichen Untergrundes rund 20 Meter tief in den Boden getrieben sind. An der Südwand sind einige bemerkenswerte Grabsteine aus dem 17. Jahrhundert aufgereiht, und einige vereinzelte Grabstellen auf der Kirchwarft erinnern daran, daß hier bis 1876 der Friedhof war.

Zur reichen Innenausstattung gehört der spätgotische Schnitzaltar aus der Zeit um 1480. Er zeigt im Mittelschrein in der oberen Hälfte die Kreuzigungsszene, in der unteren Hälfte eine Versammlung zahlreicher Figuren, darunter eine eindrucksvolle Darstellung des Streites der Kriegsknechte um den Rock des gekreuzigten Heilandes. Die Seitenflügel enthalten je 8 Figuren von Aposteln, Bischöfen und Heiligen. Eine rot ausgemalte Nische im Altaruntersatz zeigt eine Gruppe »Anna selbdritt« mit Anna, der Mutter Marias, der gekrönten Maria mit dem Christuskind sowie im Hintergrund Joachim, Annas Mann, und Joseph.

Ebenso anschaulich ist die Kanzel, eine hervorragende Arbeit des Eiderstedter Typus. Sie wurde Anno 1605 gestiftet. Die mit Ornamenten reich verzierten Kanzelwände zeigen auf fünf Feldern plastische Darstellungen mit biblischen Szenen: den Sündenfall, den alten und neuen Bund, die Kreuzigung, die Auferstehung und das Jüngste Gericht.

Der Taufstein mit seiner achteckigen Pokalform, aus Namurer Marmor gehauen, wurde im 15. Jahrhundert aus Belgien importiert. Bemerkenswert ist das spätgotische Kruzifix neben dem Eingang an

Die St. Vinzenz-Kirche zu Odenbüll

Das Innere der Kirche, rechts die kunstvolle Kanzel

Szene aus dem spätgotischen Schnitzaltar der Odenbüller Kirche

Predella im Altaruntersatz und spätgotisches Kruzifix um 1400 in der St. Vinzenz-Kirche zu Odenbüll

der Südwand der Kirche. Es stammt aus der Zeit um Anno 1400. Die Empore ist eine Stiftung aus dem Jahre 1715, versehen mit Gemälden aus dem Buch Mose und der Geschichte Jesu von der Ankündigung bis zum Jüngsten Gericht.

Drei alte, kunstvolle Grabsteine sind im Altarraum aufgestellt. Und an der Auffahrt zur Kirchwarft erinnert ein Gedenkstein an Ludwig Ingwer Nommensen, der auf Sumatra die Batak-Kirche begründete, zu der heute etwa eine Million Christen gehören.

Die alt-katholische Kirche St. Theresia auf Süden-Osterdeich

Wie bereits erwähnt, war die Theresien-Kirche die ursprüngliche Pfarrkirche der flämischen und niederländischen Katholiken, die sich nach Anno 1652 auf Nordstrand niedergelassen hatten. Sie blieb auch die Parochialkirche der katholischen Gemeinde bis 1866, ungeachtet der genannten Spaltung der Katholiken in eine jansenistische und eine römische Richtung.

Die Kirche ist der spanischen Heiligen, Theresia von Avila, geweiht. Ein Bildnis der Patronin wurde im Jahre 1969 vom Kloster der Karmeliter zu Köln geschenkt und erhielt einen Ehrenplatz im Kirchenraum.

Das ursprüngliche Bild der Kirche ist jedoch nur noch teilweise vorhanden. Im Jahre 1887, in der Zeit von Pastor Spruit, erfolgte eine grundlegende Umgestaltung des Baukörpers.

Der kleine Kirchenraum strahlt eine eigenartige Atmosphäre aus, vermittelt durch eine farbenfrohe und kunstvolle Ausstattung. Zum Inventar gehören ein Gemälde des gekreuzigten Christus – der Altar – ein Tabernakel aus dem 17. Jahrhundert – der Taufstein von Anfang des 18. Jhs. – Meßgeräte und Meßgewänder – ein Weihrauchgefäß aus dem 18. Jh. – silbervergoldete Kelche aus dem 17. Jh. – Altarleuchter und zwei Kronleuchter aus dem 17. Jh. – das Ewige Licht – Monstranz – Ciborium – Kruzifixe und Paramente mit hervorragender Stickarbeit aus dem 16. Jahrhundert.

Vor dem Altar liegen 5 Grabplatten von bedeutenden Persönlichkeiten der Hauptpartizipanten. Mehrere Jahresgedächtnisse aus dem 17. bis 19. Jahrhundert werden noch bis heute am Altar gehalten.

Die Messe wurde, wie in katholischen Kirchen üblich, auf Latein gehalten. Predigt und Unterricht fanden jedoch von Anfang an in holländischer Sprache statt, und zwar noch bis Mitte des 19. Jahrhunderts, als kaum noch jemand auf Nordstrand diese Sprache beherrschte. Die Pastoren, insgesamt 21, wurden vom Erzbistum Utrecht gesandt, und holländische Religionsbücher waren in Gebrauch. Erst in der Zeit von Pastor Dievenbach (1860 – 1875) erfolgte der Übergang zum Hochdeutsch, »damit alle die Predigt verstehen«. Der letzte holländische Pastor, Jan de Vrij, trat im Jahre 1908 sein Amt an der Theresienkirche an. 1920 wurde dann aber aus praktischen Erwägungen die Theresien-Gemeinde aus der Oberhoheit des Erzbistumes Utrecht gelöst und dem »Katholischen Bistum der Alt-Katholiken in Deutschland« mit dem Sitz in Bonn zugeordnet. Da die deutschen Alt-Katholiken bereits 1876 das Zölibat aufgehoben hatten, konnte sich Pastor de Vrij verheiraten. Erstmalig gab es nun eine Pfarrfrau im Pastorat der Theresien-Kirche. Das Ehepaar de Vrij zog 1922 nach Holland, und mit Pastor Kuenz kam nun zum ersten Male ein deutscher Pastor in die Theresien-Gemeinde. Die Verbindung mit Holland ist aber bis in die Gegenwart hinein geblieben. Noch in den Jahren 1971, 72 und 76 erhielt die Theresien-Kirche Besuch vom Erzbischof von Utrecht und vom Bischof von Haarlem. Und noch heute hat das Erzbistum Utrecht Landbesitz auf Nordstrand.

Die St. Theresia-Gemeinde ist im Laufe der Zeit jedoch klein geworden. Sie hat auf Nordstrand nur noch ein Dutzend Glieder. Deshalb werden durch den Pfarrer von Nordstrand auch andere, lokale »Inseln« alt-katholischer Gemeinden in Schleswig-Holstein, Hamburg und Bremen betreut.

Der Kirche unmittelbar angeschlossen liegt das 1680 erbaute, reetgedeckte Pastorat mit seiner kostbaren Bibliothek von niederländischen und französischen theologischen Werken aus dem 17. und 18. Jahrhundert sowie einem reichhaltigen Archiv mit Dokumenten aus der Kirchengeschichte Nordstrands.

Am Deichhang vor der Kirche befindet sich der Friedhof, auf dem noch bis 1953 auch die römisch-katholischen Gemeindeglieder bestattet wurden.

Die Kirche St. Theresia auf Süden-Osterdeich

Das Innere der alt-katholischen Kirche

Hohe, schattige Bäume wachsen auf der Warft des früheren Herrenhauses

Das alt-katholische Pastorat beherbergt eine wertvolle Bibliothek mit historischen und geistlichen Werken

Die römisch-katholische Kirche St. Knud auf Süden

Die Kirche der römisch-katholischen Gemeinde liegt ebenfalls auf der großen Deichwarft Süden. Sie ist erst 1866 erbaut und hat infolgedessen nur eine kurze Geschichte. Kirchenpatron ist der König und Märtyrer Knud von Dänemark, der 1086 auf Fünen starb.

Bis zum Bau dieser eigenen Kirche mußte sich die römisch-katholische Gemeinde zum Oratorium, zur Theresienkirche oder nach Friedrichsstadt halten. Eine grundlegende Erneuerung des Kirchengebäudes erfolgte im Jahre 1929 mit dem Anbau des Turmes im Westen und des Altarraumes im Osten. 1966 wurde der Innenraum durchgehend renoviert. Die moderne Altarwand mit dem auferstandenen Christus und dem himmlichen Jerusalem gestaltete Hildegard Birks. Auch die Kirchenfenster sind Entwürfe aus ihrer Hand. Die »Kunst-Topographie Schleswig-Holsteins« nennt nur ein bescheidenes Inventar, u.a. ein Kruzifix mit Corpus aus dem 18. Jh. und Altarleuchter aus dem 17. Jahrhundert. Die Kirchengemeinde untersteht dem Bistum Osnabrück. Neben den Halligen Süderoog, Südfall und Nordstrandisch-Moor gehört auch Pellworm zur Gemeinde St. Knud, doch wohnen dort unter rund 1700 Einwohnern nur 12 – 15 Katholiken. Insgesamt zählt die römisch-katholische Gemeinde auf Nordstrand etwa 550 Mitglieder, das sind rund 20 % der Inselbevölkerung. Ein ähnliches Zahlenverhältnis war auch schon Ende des vorigen Jahrhunderts gültig.

Nahe der Kirche wurde 1953 ein neuer Friedhof angelegt. Die Kirchengemeinde ist Trägerin des Kinderheimes St. Franziskus mit 75 Plätzen. Ein umfangreicher Neubau wurde 1976 auf Süden neben der Kirche erstellt. Seit 1863 gibt es auch eine Bekenntnisschule auf Nordstrand, die einzige in Schleswig-Holstein.

St. Knud auf Süden

Sprache und Sprachenwechsel auf Nordstrand

Pastor Matthias Boethius berichtet Anno 1623, »daß die Einwohner dieser Insel Nordstrand rechte Friesen seyn und bey ihrer alten Sprache, Namen, Sitten, Rechte und Gewohnheiten bis auf den heutigen Tag geblieben . . .«

Bis zur Sturmflut von 1634 und der nachfolgenden Einwanderung der Flamen und Niederländer war Friesisch die allgemeine Umgangssprache auf Nordstrand. Doch wurde auch viel Plattdeutsch gesprochen, weil es im Schriftverkehr, in den Kontakten mit Handelsstädten und Amtsstuben, aber auch in der Kirche ständig gebraucht werden mußte.

Über das Nordstrander Friesisch, das weitgehend mit dem heutigen Halligfriesisch identisch war und wie dieses zu den Dialekten des Festlandfriesisch gerechnet wurde, sind mehrere schriftliche Zeugnisse vorhanden. Unter anderem fand man im Jahre 1925 in der Stadtbibliothek von Königsberg die handschriftliche Übersetzung des Kleinen Katechismus, um Anno 1600 von unbekannter Hand aufgeschrieben. Ein weiteres Dokument enthalten die Materialien des Historikers Peter Sax (gestorben 1662) in der Königlichen Bibliothek zu Kopenhagen. Es handelt sich hier um ein Lied, das von einem Vorsänger zu singen war und von einem Dieb namens Hans Taedtsen erzählt, der im hellen Mondenschein einen Hammel stiehlt. Auf jede Liedzeile folgt ein Kehrreim, von einem Chor gesungen.

Nach der Einwanderung der brabanter und niederländischen Partizipanten und der Aussiedlung bzw. Vertreibung der einheimischen Inselbevölkerung, dominierte zunächst die Sprache der neuen Landesherren. Sie wurde jedoch in der zweiten Hälfte des 18. Jahrhunderts infolge des Rückzuges zahlreicher Partizipanten einerseits und der Einwanderung von Nordfriesen und schleswig-holsteinischen Festländern wieder verdrängt. Ende des 18. Jahrhunderts wurden aber auch die letzten Reste der Friesischen Sprache getilgt.

Nach A. Sach sprachen um 1835 nur noch ganz wenige Inselbewohner Flämisch. Hauptsprache war Plattdeutsch geworden, nicht zuletzt begünstigt durch die erwähnte Einwanderung.

Plattdeutsch ist auch noch heute die Umgangssprache auf Nordstrand. Doch drängt sich das Hochdeutsche bei den Kindern in der Schule, durch das Fernsehen und den Verkehr mit Sommergästen immer stärker in den Vordergrund.

Die Nordstrander Tracht früher und heute

Die ältesten Nachrichten über Kleidung und Trachten auf Nordstrand stammen aus der Zeit um 1600. In mehreren Verordnungen wendet sich der Herzog gegen übermäßiges Ausstaffieren in Zusammenhang mit dem Wohlstand auf der Insel. Es mögen sich um modische Erscheinungen gehandelt haben, die bald wieder verschwanden. Überliefert sind aber auch die Trachten der Bürger, der Bauern und Schiffer in jener Zeit, und zwar durch Heinrich Rantzau, der in seiner Beschreibung des »Cimbrischen Chersones« (Schleswig-Holstein) Anno 1597 auch die Trachten, darunter drei von Nordstrand, dargestellt hat. Das Werk wurde jedoch erst 1739 von E.J. Westphalen gedruckt.

Ein weiteres Mal wird die Tracht der Nordstranderin in einem Kupferstich von Piscator, 1650, gezeigt. Und schließlich finden wir eine Abbildung dieser Tracht auch auf einem Grabstein der Familie Tamsen aus der Zeit um 1577, an der Alten Kirche auf Pellworm stehend.

Der Unterschied ist jedoch, daß die Frau auf dem Grabstein eine

Frau und Mann und Jungfrau von Nordstrand um Anno 1600

Die heutige Nordstrander Tracht

Flügelhaube trägt, während die Abbildungen von Rantzau und Piscator als Kopfbedeckung ein rundes, gepufftes Parett zeigen. Obwohl in der genannten herzoglichen Verordnung von 1601 »den Bürgersfrauen goldene Hals- und Armbänder gäntzlich untersagt« wurden, wird dieser Schmuck auf den Trachtenbildern getragen.

Nach der Sturmflut von 1634 verschwand diese Tracht. Doch im Jahre 1975 ist die Nordstrander Tracht neu entworfen, und zwar auf Initiative von Else Schultze-Hasselmann und Frau Behn. Anhand der Überlieferung erfolgte eine detailgetreue Rekonstruktion unter Berücksichtigung neuzeitlicher Formen. Unbekannt waren allerdings die Farben der damaligen Tracht. Für die Röcke wurden die Farben rot, grün, blau und braun, für die Schürze ein leuchtendes Gelb gewählt. Die Blusen sind beigefarben, die Haube ist braun, mit Stickereien und Knöpfchenbehang sparsam verziert.

Gleichzeitig mit der Neuschöpfung der Nordstrander Tracht wurde auch eine Trachtengruppe gegründet, die durch ihr Auftreten in der Öffentlichkeit viel Beachtung gefunden hat und für die Insel eine Attraktion geworden ist.

Häfen und Schiffsverkehr

Aus dem 14. Jahrhundert, als der Hafenort der Edomsharde, Rungholt, noch vorhanden war, ist ein vielseitiger, durch Urkunden bestätigter Handel und Verkehr zwischen der Landschaft des alten Strandes und Städten und Ländern im nordeuropäischen Raum belegt. Auch nach der Sturmflut von 1362 und der Bildung der Insel Alt-Nordstrand blühte der Handel mit Salz, Vieh und Getreide. In einer versiegelten Urkunde vom 15. Juli 1400 sichert die Edomsharde den Kaufleuten von Bremen »Frieden und freies Geleit, in unsere Harde zu kommen und Handel zu treiben . . . Und zwar soll am Hever-Tief angelegt werden, wo acht Buden voller Salz sind . . .« Im Jahre 1460 bestätigt ein »Begnadigungsbrief« des Königs Christian I. den fahrenden Kaufleuten zu Wasser und zu Lande von Nordstrand ihre alten Rechte und Privilegien. Und wie schon erwähnt, heißt es aus dem 16. Jahrhundert in den Annalen von Petreus, daß im Herbst alle 15 Sielhäfen voller Schiffe lagen, um die Produkte des reichgesegneten Landes auszuführen.

Petreus nennt auch drei Fährverbindungen von der Insel zum Festlande, eine vom Hagebullinger Koog im Norden hinüber nach Ockholm, eine andere vom Kirchspiel Morsum zum Hattstedter Ufer und eine dritte vom Kirchspiel Lith über den Heverstrom nach Lundenberg in Eiderstedt. In einer Fährordnung, die 9 Paragraphen enthält, sind die Fährgelder für Personen, Vieh und Frachtgüter festgesetzt. »Für den Fall, daß die Fährleute wegen Teurung mit dem verordneten Fährgeld nicht auskommen und deren Erhöhung unbedingt erforderlich ist, sollen sie um Erhöhung bei der Obrigkeit nachsuchen . . .« Die Fährleute haben aber auch die Pflicht, keine unsicheren Elemente zu befördern, sondern diese festzunehmen und dem Staller Meldung zu machen.

Nach der Sturmflut von 1634 und der weitgehenden Zerstörung der Insel entstanden regelrechte Fährverbindungen erst wieder nach 1657. Im Jahre 1657 wurde der Oster-Koog eingedeicht, an dessen Siel bei England sich die Anlage eines Hafens anbot. Ein Priel, das Engeländer Loch, schlängelte sich durch Vorland und Watt hinaus zum Heverstrom und ermöglichte eine Verbindung nach Husum und anderen Orten des Festlandes. Dieser Hafen hatte rund 200 Jahre Bestand. Er verschwand erst durch die Eindeichung des Morsum Kooges im Jahre 1866. Eine weitere Fährstelle befand sich auf einer Warft nahe des heutigen Süderhafens, noch ehe im Jahre 1692 der Neue Koog eingedeicht wurde und der neue »Moordeich« die Warft in sich aufnahm. Weil der Weg hinauf durch das Engeländer Loch sehr schwierig und tidenabhängig und die Verbindung zum damals ebenfalls schon bestehenden Norderhafen mit einem großen Umweg verbunden war, wurden Reisende, die es eilig hatten, an dieser Fährstelle an Land gesetzt. Da eine Hafenanlage jedoch nicht vorhanden war, blieben die Schiffe in einiger Entfernung vor Anker liegen, und auf das Hissen einer Toppflagge holte der Wirt des Fährkruges die Reisenden mit einem Fuhrwerk ab. Auch diese Fährstelle ging nach der Eindeichung des Morsum-Kooges und der Anlage des Süderhafens im Jahre 1866/67 ein.

Nach der Gewinnung des Elisabeth-Sophien-Kooges im Jahre 1771 entwickelte sich von einem Krug auf der früheren Schloßwarft am östlichen Deichufer des neuen Kooges eine zusätzliche Verbindung mit Husum und zur Arlauschleuse, betrieben mit flachgehenden Platt-

Am Steindeich vor Norderhafen

Der Hafen Stucklahnungshörn

booten. Ganz besondere Bedeutung erlangte diese Fährstätte in strengen Wintern, wenn alle Nordstrander Häfen vereisten und eine Verbindung nur von dieser Fährstelle aus mit dem Eisboot hinüber nach Sterdebüll möglich war. Das auf der Schloßwarft stehende Fährhaus erhielt den Namen »Pharisäerkrug«, sicherlich, weil man hier einen besonders guten »Pharisäer« zu bereiten verstand. Ein Blitzschlag äscherte das Gebäude im Jahre 1945 ein. Zu dieser Zeit war die Fährstelle aber längst aufgegeben. Auch sie verlor ihren Zweck durch die Vordeichung des Morsum-Kooges.

Unmittelbar nach der Eindeichung des Morsum-Kooges wurde der heutige Süderhafen angelegt. Die Abnahme erfolgte am 4. Januar 1867. Im Jahre 1868 gründeten Nordstrander Bauern und Geschäftsleute sowie Husumer Interessenten eine Reederei unter dem Namen: »Interessenschaft des Actien-Dampfschiffes Nordstrand«, um mit einem Dampfer zwischen Husum und Nordstrand Passagier-, Fracht- und Viehtransporte zu betreiben. Der Dampfer »NORDSTRAND I«, schlank gebaut, mit einem Mast und einem dünnen Schornstein, hatte außer dem Ruderhaus keine anderen Aufbauten. Er fuhr fast 20 Jahre lang, bis 1889. Kapitän war Siegfried Feddersen.

Der nächste Dampfer, »NORDSTRAND II«, wurde in Hamburg nach dem Muster der Alsterdampfer gebaut. Er war 24 m lang und etwa 4 m breit, hatte eine Dampfmaschine von 120 PS und neben Schornstein, Mast und Ruderhaus zwei Kajüten der Ersten und Zweiten Klasse. Auf dem Vorderdeck ließen sich etwa 10 Stück Vieh befördern. Wenn im Frühjahr das Magervieh zur Insel und im Herbst das Fettvieh zurückbefördert werden sollte, erwies sich diese Ladefläche jedoch als zu klein. Auch hinsichtlich des steigenden Gütertransportes ergaben sich Probleme. Deshalb schaffte sich die Reederei um die Jahrhundertwende vier offene Schuten und einen Leichter an, und nahm diese, beladen mit je 30 Ochsen, in Schlepp. Nach Siegfried Feddersen hatte Hans Lorenz Selmer die Führung des Nordstrander Dampfschiffes übernommen. Im Juli 1910 erlitt er, am Steuerrad stehend, dicht vor der Hafeneinfahrt einen Schlaganfall. Sein Nachfolger wurde Kapitän Johannes Reinkens. Er führte das Dampfschiff bis zum Jahre 1924.

Weil in den Kriegs- und Inflationsjahren die Maschinen des Dampfers nicht ordnungsgemäß gewartet werden konnten, verfügte die Kesselüberwachungsbehörde 1926 die Außerdienststellung von »NORDSTRAND II«. Für die alte Nordstrander Reederei, die sich in-

Der Engeländer Hafen nach einer Tuschzeichnung von Peter Harrsen

Der Süderhafen mit Dampfer NORDSTRAND III und Frachtschiffen

zwischen »Nordstrander Dampfschiffs-Aktiengesellschaft« nannte, waren es bewegte Jahre. Jacob Jacobsen machte mit seinem Schiff »NORDFRIESLAND« der Nordstrander Reederei Konkurrenz. Nach wenigen Jahren und erheblichen finanziellen Verlusten mußte Jacobsen sein Schiff jedoch wieder verkaufen.

Im Jahre 1926 löste sich die »Nordstrander Dampfschiffs-Aktiengesellschaft«, an der die Gemeinde mit 10 Aktien beteiligt war, auf. Dafür wurde die »Neue Nordstrander Dampfschiffs-G.m.b.H.« gegründet. Von den 82 Geschäftsanteilen über je 500 RM kamen 63 in den Besitz von Nordstrandern, 19 in die Hände von Husumer Geschäftsleuten. Am 15. August 1927 stellte die neue Gesellschaft den Dampfer »NORDSTRAND III« in den Dienst. Er war, wie seine Vorgänger, ebenfalls auf der Hamburger Werft Jansen und Schmelinski gebaut, maß reichlich 31 in der Länge und 6 m in der Breite. Die Maschine leistete 240 PS. Auf dem Vorderschiff befand sich wieder eine Kajüte Erster Klasse, hinten eine der Zweiten Klasse. Ein Verschlag am Heck konnte 10 Tiere aufnehmen. Der Preis des Dampfers betrug 140000 RM. »NORDSTRAND III« hatte jedoch ein bauliches Manko, das der Schiffsführung oft schwer zu schaffen machte: Der Vordersteven war zu hoch, so daß der Dampfer bei starkem Seitenwind nur mühsam auf Kurs zu halten war. Besonders schwierig gestalteten sich auch die Wendemanöver im Süderhafen bzw. im Husumer Hafen.

In der Regel fuhr der Dampfer einmal täglich nach Husum hin und zurück, wobei sich der Fahrplan weitgehendst nach der Flutzeit richtete. Im Sommerhalbjahr fanden an jedem zweiten Sonntag Doppel- bzw. Ganztagsfahrten statt. Von Nordstrand aus konnte man dann mit dem Morgenhochwasser nach Husum fahren und hatte dort einen ganzen Tag Zeit, ehe es mit dem Abendhochwasser zurück ging. Diese Touren, vor allem von jungen Insulanern genutzt, hatten oft den Charakter von Volksfesten, wozu der in der »Hafenhalle« vorab genossene Punsch natürlich seinen Teil beitrug.

Im Jahre 1935 wurde der Lahnungsdamm von Nordstrand zum Festland als sturmflutsicherer Straßendamm ausgebaut und der Inselverkehr verlagerte sich bald auf diese feste Straßenverbindung. Die Dampfschiffs-Gesellschaft, die jährlich rund 10 % Dividende ausgeschüttet hatte, konnte nun nicht mehr bestehen. Bis 1936 wurden noch Frachtfahrten durchgeführt, aber am 18. September 1936 mußte Kapitän Boy »Käptn« Ingwersen, der seit 1924 in dem Dienst der »Neuen Nordstrander Dampfschiffs-G.m.b.H.« gestanden hatte, das

Ruder aus der Hand geben. Der Dampfer wurde nach Bremen, einige der Viehschuten an das Marschenbauamt verkauft.

Der Süderhafen diente aber nicht nur der Dampferlinie nach Husum, sondern auch größeren Frachtschiffen, die Bau- und Brennstoffe brachten oder Getreideladungen – damals auf Fuhrwerken mühsam herangeschafft – an Bord nahmen. Diese Aufgabe erfüllt der Süderhafen in gewisser Weise auch noch heute, insbesondere, nachdem 1963 die Hafenanlagen erneuert und der Silo des Landwirtschaftlichen Bezugsvereins dort erbaut worden ist.

Der Gegenpol zum Süderhafen war lange Zeit der Norderhafen, der bereits Ende des 17. Jahrhunderts bestand, wegen seiner ungünstigen seeseitigen Lage und der Entfernung zum Festlande allerdings viel weniger Bedeutung hatte, als die an der Ostseite liegenden Siele und Häfen. Als jedoch 1958 der Hafen Strucklahnungshörn gebaut wurde, entwickelte sich diese Anlage entgegen anfänglicher Kritik bald zum Ausgangshafen für die benachbarte Schwesterinsel Pellworm. Die Pellwormer Fährschiffe, bisher von Husum fahrend, konnten nun die Fahrtstrecke erheblich verkürzen. Die Bedeutung des Hafens Strucklahnungshörn kommt in den nachstehenden Zahlen zum Ausdruck. Im Jahre 1975 wurden von der Pellwormer Fähre rund 46000 Personen, über 13000 Personenwagen, 1300 Lastkraftwagen sowie 6000 Stück Vieh befördert. Nordstrander Ausflugsschiffer fuhren mit rund 68000 Personen zu Ausflugszielen im Halligmeer.

Der neue Hafen ist aber auch Ausgangspunkt des Postschiffes nach Nordstrandisch-Moor, Heimathafen der Nordstrander Krabbenkutter und Station des Rettungsbootes der DGzRS.

Vogelkojen

Wie kleine, in sich abgerundete Wäldchen mit windgeschorenen Bäumen, liegen zwei Vogelkojen an den Deichen des Alten Kooges und der Trendermarsch. Vogelkojen sind Fanganlagen für die im Spätsommer und Herbst durchziehenden Wildenten. Sie wurden nach holländischem Vorbild im 18. und 19. Jahrhundert auf den nordfriesischen Inseln eingerichtet, zuerst auf Föhr, dann auch auf Sylt und Amrum. Erstaunlicherweise kam es dagegen auf den beiden Marschinseln Nordstrand und Pellworm erst nach 1900 zur Anlage der genannten Vogelkojen, obwohl doch gerade diese beiden Inseln nach dem Untergang der Gesamtinsel Alt-Nordstrand in enger Beziehung zu Holland standen, ja von Holländern bewohnt wurden, die schon seit dem 16. Jahrhundert in ihrer Heimat solche Fangeinrichtungen kannten. Aus welchen Gründen auch immer, es wurde offenbar nicht daran gedacht, auch auf Nordstrand und Pellworm den Wildentenfang zu betreiben.

Die Vogelkoje im Alten Koog wurde im Jahre 1905 angelegt. Anteiler waren Heinrich Boysen aus Wyk und Peter Musfeldt, Nordstrand, der das benötigte Gelände zur Verfügung stellte. Der erste Kojenmann war ein Holländer namens van Gunst. Ihm oblag in der Zeit von Mitte August bis Ende Dezember der Fang der von Norden und Osten kommenden, nach Westeuropa ziehenden Wildenten. Mittels Lockenten und ausgestreutem Futter wurden die auf dem großen Süßwasserteich eingefallenen Wildenten in eine der netzüberspannten »Pfeifen«, bogenförmigen, sich verjüngenden Seitenkanälen, gelockt. Geschickt agierte der Kojenmann hinter einer Reihe von Schilfkulissen und scheuchte die Wildenten schließlich an das Ende der »Pfeife«, wo sich eine Reusenanlage befand. Hier wurden die Vögel herausgeholt und mit energischem Griff »gegringelt«, wie man das rasch und schmerzlos tötende Halsumdrehen nannte.

Neben dem üblichen Hereinlocken der Wildenten hatte sich der Kojenmann van Gunst eine eigenartige Methode ausgedacht: Er zog ein Holzbrett mit einem ausgestopften Wiesel an einem dünnen Faden über den Kojenteich und leitete die hinter dem Wiesel herfauchenden Wildenten hinein in die »Pfeife«. Ob diese Methode einen nennenswerten Erfolg hatte, ist nicht mehr bekannt.

Von Ausnahmen abgesehen wurden in der Vogelkoje im Alten Koog vorwiegend Stockenten gefangen. Erst an zweiter Stelle standen Krickenten, gefolgt von Spießenten, »Grauenten« genannt. Auch Pfeif- und Löffelenten, letztere als »Slobben« bezeichnet, gerieten in die Fanganlage. Der Anteiler Heinrich Boysen hatte in Wyk eine Konservenfabrik, in der neben den auf Föhr gefangenen Wildenten auch die Fänge der Nordstrander und der ihm gehörenden Pellwormer Vogelkoje eingemacht wurden. Lange Zeit fuhr der Pellwormer Schiffer Anton Godbersen täglich mit seinem Motorboot nach Föhr, um den Fang anzuliefern. Fünf bis sechs Frauen waren ständig mit dem Rupfen der Enten beschäftigt, und bei Bedarf wurden bis zu zehn Wyker

Familien in diese Arbeit mit einbezogen, die gleich nach Ankunft der Enten, also nachts geschah. Für eine gerupfte Ente wurde je nach Größe 5 - 7 Pfennig bezahlt. Weitere fünfzehn, zwanzig Frauen waren an den Marmortischen der Konservenfabrik damit beschäftigt, die Enten vorzubraten und in Dosen einzumachen. Die Konserven wurden vor allem an die HAPAG, an bekannte »Schlemmerlokale« in Hamburg, Berlin und Westerland und andere Restaurants gesandt. Für die kleine Krickente wurden 90 Pfennige, für die größeren Spieß- und Stockenten 1,60 bis 2,– Mark bezahlt.

Leider sind die Eingangsbücher über die angelieferten Wildenten bei den Nachkommen des Konservenfabrikanten Heinrich Boysen nicht mehr vorhanden, so daß die Zahl der gefangenen Enten aus den Anfangsjahren nicht mehr feststellbar ist. Es sollen täglich bis zu 2000 gewesen sein, um 1930 noch täglich bis zu 1500. Durch den Dammbau vom Festland nach Nordstrand im Jahre 1935 ging der Entenfang in der Koje des Alten Kooges schlagartig zurück. Die Wildenten, die bisher zum Ruhen auf den Kojenteich eingefallen waren, fanden nun im Schutze des Dammes einen besseren Rastplatz. Im Jahre 1936 wurde nachstehendes Fangresultat an die Jagdbehörde gemeldet: Stockenten: 585, Spieß-(Grau)enten: 44, Pfeifenten: 13, Krickenten: 175, Löffelenten: 3.

Seit dem Jahre 1921 war der Anteiler Peter Musfeldt Kojenmann. Er blieb es bis zuletzt. Neben dem erwähnten Rückgang der Fänge durch den Dammbau kam gleichzeitig das neue Reichsjagdgesetz von 1934 als weiteres Hindernis dazu. Der bisher unkontrollierte Entenfang in den nordfriesischen Vogelkojen wurde nun mit verschiedenen Auflagen versehen. Von nun an mußte jährlich eine neue Erlaubnis beantragt werden, und die Verwendung von Stockenten als Lockenten, wie auch der Fang von weiblichen Stockenten wurden verboten. Weiter hieß es in der Verordnung: »Es darf nur ein jagdlich zuverlässiger Kojenwärter beschäftigt werden, der im Besitz eines gültigen Jahresjagdscheines ist . . .« Dies bedeutete, daß der Kojenwärter die Jägerprüfung bestehen mußte. Die Polizei wurde zu regelmäßigen und unangemeldeten Kontrollen angehalten, um festzustellen, ob gesetzlich geschützte Entenarten unter den Fängen waren. Den Jagdbehörden der zuständigen Kreisverwaltung mußten wöchentliche Fangberichte vorgelegt werden. Offenbar stand im Hintergrund die Absicht, den Entenfang in den Vogelkojen in absehbarer Zeit ganz zu untersagen.

In der Vogelkoje im Alten Koog löste sich dieses Problem von selbst. Nach 1935 waren die Fänge so gering geworden, daß sich der Aufwand und die Unterhaltung der Anlagen kaum noch lohnten. Gegen Ende des 2. Weltkrieges wurde der Fang eingestellt, und englische Soldaten taten ein übriges, als sie nach Kriegsende in der Vogelkoje auf Wildenten schossen. Der Kojenteich verschilfte und die Fangeinrichtungen verfielen. Heute liegt die Vogelkoje, an der die Nachfolger von Heinrich Boysen einen Anteil von 15/22 und die Nachfolger von Peter Musfeldt einen Anteil von 7/22 haben, als stilles Urwaldparadies.

Die zweite Nordstrander Vogelkoje am Seedeich der Trendermarsch wurde in den Jahren 1907 – 08 durch den Hofbesitzer Otto Matthiesen angelegt. Einige Amrumer Interessenten aus der Familie Schmidt unterstützten dieses Vorhaben durch fachliche Beratung und dem Erwerb eines Anteiles. Die Gesamtkosten der Kojenanlage betrugen rund 42000 Mark, da größere Landflächen mit zwei Häusern zwecks Schaffung einer Ruhezone gekauft werden mußten. Hinsichtlich der eigentlichen Kojenanlage waren die Erdarbeiten, Kojenteich, Fangkanäle, Wälle und Gräben, mit 6326 Mark der größte Kostenfaktor.

Die ersten Jahre brachten aber längst nicht den erhofften Gewinn. Zwar wurden im ersten offiziellen Fangjahr 1909 fast 8500 Enten gefangen, aber in den folgenden Jahren verringerten sich die Fänge derart, daß kaum das Gehalt des Kojenwärters gedeckt wurde. Erst ab 1915 stieg der Ertrag, und in den nachfolgenden Jahren wurden Überschüsse von jährlich 10 - 14000 Mark erzielt, so daß der Schuldvortrag bald ausgeglichen war.

Besonders gut waren die Entenfänge in den 1920ger Jahren. Sie betrugen durchschnittlich jährlich 20000 Stück. Die Rekordmarke wurde im Jahre 1923 mit 23465 Enten gesetzt.

Eigenartigerweise wurden in der Trendermarsch-Vogelkoje vor allem Krickenten gefangen, schwankend zwischen 60 – 90 %. Erst an zweiter Stelle folgten Spießenten, dann Stockenten. Fast unbedeutend war der Fang an Pfeifenten und Löffelenten.

Die Fänge wurden zum Teil auf Nordstrand verkauft oder an die Konservenfabriken nach Nebel auf Amrum oder Wyk auf Föhr gesandt. Ab 1930 holte der Husumer Johann Friccius allabendlich einen Teil der Enten und brachte diese, gerupft und ausgenommen, in den Handel. Die Preise blieben jahrzehntelang sehr stabil. Für eine Krickente, die kleinste der Entenarten, wurden 50 bis 70 Pfennige gezahlt.

Wie kleine, abgeschlossene Wäldchen mit windgeschorenen Westseiten liegen die Vogelkojen am Deich des Alten Kooges und der Trendermarsch

Pfeifenten und Löffelenten kosteten 60 bis 80 Pfennige, für eine Spießente wurden 90 Pfennige und für die Stockente als größte der gefangenen Enten 1,00 Mark berechnet. Auch in den Jahren um 1950 waren die Wildenten noch preiswert zu haben.

Der erste Kojenwärter in der Trendermarsch-Vogelkoje hieß Peter Hansen. Er bekam ein Gehalt von 500 Mark jährlich sowie eine Prämie von 5 Pfennigen für jede gefangene Ente. Dafür hatte er einen Vertrag zu unterzeichnen, der ihn verpflichtete . . . »treu und gewissenhaft das Wohl der Kojeninteressenten im Auge zu haben . . .« und sich während der Fangzeit von früh bis spät in der Koje aufzuhalten, um sich mit dem Entenfang zu beschäftigen . . .« Gefangene Enten durften an niemanden, außer den Interessenten oder deren Beauftragten, abgegeben werden. Und in einem anderen Passus hieß es: »Spirituosen sind in der Koje nicht geduldet, auch ist das Tabakrauchen während der Fangzeit nicht gestattet.«

Viele Jahre ist Peter Hansen Kojenwärter gewesen. Seine Nachfolger wurden 1928 Eduard Ebsen, 1930 Hans Reinhold und 1949 Erwin Ebsen. Im Jahre 1944, zu Hans Reinholds Zeit, wurde der Vertrag dahingehend geändert, daß die Kojenwärter kein festes Gehalt und keine Fangprämie mehr erhielten, sondern mit einem Anteil von einem Drittel am Entenfang entlohnt wurden. Allerdings mußte sich der Kojenwärter auch an den laufenden Unkosten zu einem Drittel beteiligen.

In den Jahren 1951–55 wurden noch jährlich 4–5000 Enten gefangen. Doch um 1960 deckte der Ertrag aus dem nun stark rückläufigen Fang kaum noch die Aufwendungen. Die Kojeneigentümer kamen deshalb 1965 überein, die Anlage mit den umliegenden Reetpütten und Ländereien für 100000 Mark an Berliner Makler und Kaufleute (Rodenberg, Langer und Bähr) zu verkaufen. Die Vogelkoje in der Trendermarsch wurde ein Spekulationsobjekt, doch die Hoffnung der neuen Besitzer auf Erteilung von Bau- und Aufsiedlungsgenehmigungen erfüllte sich nicht. Die Koje blieb als stilles Wäldchen liegen.

Bis zuletzt war diese Anlage im Besitz der Erbauer bzw. deren Nachkommen geblieben. Die Erben und Nachkommen von Otto Matthiesen waren seine Frau Agnes, die einige Jahre nach dem Tode ihres Mannes im Jahre 1910 Dr. C. Schild heiratete. Ihr folgte als Erbin im Jahre 1943 Frau Hildegard Bergmann geb. Matthiesen, die Tochter aus der ersten Ehe.

Auch die Mitglieder der Familien Schmidt auf Amrum bewahrten bis zum Verkauf im Jahre 1965 ihren Besitz, der durch Zukäufe von Frau Schild und dem Anteil, den Heinrich Boysen, Wyk, von 1927 bis 1942 hatte, auf einen halben Anteil gestiegen war.

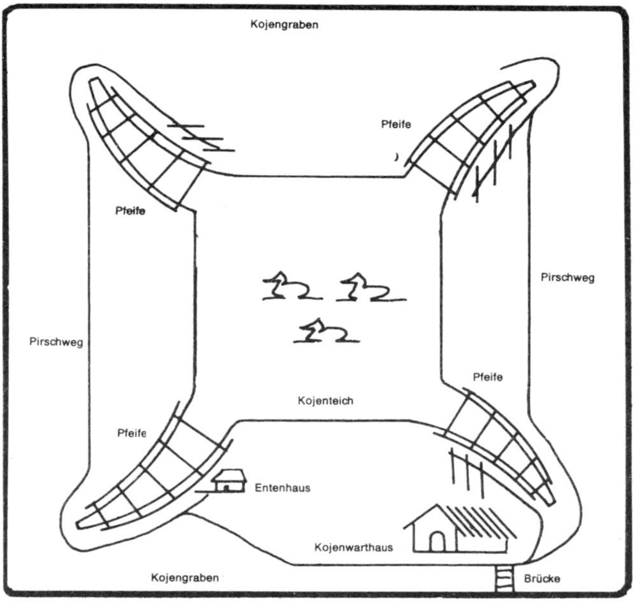

Das Fangsystem einer Vogelkoje

Die Nordstrander Mühlen

Nach der großen Sturmflut vom Oktober 1634 wurde berichtet, daß auf der Insel Alt-Nordstrand fast 30 Windmühlen weggetrieben sind. Sie haben nicht nur im Wirtschaftsleben eine bedeutende Rolle gespielt, sondern auch auffällige Akzente in das Landschaftsbild der flachen, weiten Marscheninsel gesetzt – gehörten sie doch neben den Kirchen stets zu den bemerkenswerten Bauten.

Die Windmühlen der heutigen Insel Nordstrand sind erst nach der Wiederbedeichung der Inselreste erbaut. Als Anno 1656 der erste Koog, der heutige »Alte Koog«, durch die Partizipanten gewonnen war und der Deichschutz wieder einen umfangreichen Anbau von Getreide ermöglichte, stellte sich auch die Frage der Errichtung einer Mühle. So wurde zunächst in der Heimat der Partizipanten, in Holland, eine Windmühle zusammengebaut, wieder auseinandermontiert und mit einem Schiff nach Nordstrand befördert, wo sie auf einer Warft südlich der Kirche zu Odenbüll ihren Platz erhielt. Hier stand sie bis zum Jahre 1909, bis sie durch Blitzeinschlag in Brand geriet. Das alte Werk ging verloren, und der Mühlenbesitzer Johann Detlef Kühlmann stellte den Mühlenbetrieb auf Dieselmotoren um. Doch als sein Sohn Jakob im Jahre 1915 die Mühle übernahm, konnte er nicht der Versuchung widerstehen, den über die Insel streichenden Wind zu nutzen. 1920 wurde eine Windturbine errichtet, der erhoffte Gewinn blieb jedoch aus, weil die Windluken der Turbine immer wieder durch den Wind beschädigt wurden und ständige Reparaturen erforderten. 1924 wurde die Turbine abgebaut und der Mühlenbetrieb erneut mit Hilfe von Dieselmotoren weitergeführt. Gleichzeitig entstand das dreigeschossige, heute noch vorhandene Betriebsgebäude. Und noch einmal ging der Müller »mit der Zeit«, als Nordstrand im Jahre 1943 elektrischen Strom erhielt und in der Kühlmannschen Mühle Elektromotoren installiert wurden.

Die älteste Mühle auf Nordstrand ist zugleich auch die letzte, die heute noch – wenn auch in eingeschränktem Maße – ihren Zweck erfüllt. Die früheren Aufgaben, das »Schroten« von Futterkorn und das Mahlen von Mehl zum Selbstbacken in Lohnbetrieb, haben sich mehr und mehr auf den Handel mit Fertigfutter und Saatgut ausgerichtet. Nur die »Schlagmühle« zum Schroten ist noch in Betrieb. Seit 1858 ist die Mühle im Besitz der Familie Kühlmann. Ein Dokument in feiner gestochener Schrift und mit rotem Siegel befindet sich noch unter den Familienpapieren. Es ist ein »Kauf- und Überlassungscontract« mit zehn Paragraphen über die testamentarische Verfügung des 1853 verstorbenen Senators Ingwer Woldsen, daß sein langjähriger Geschäftsführer Jacob Detlef Friedrich Kühlmann die Woldsen-Mühle auf Nordstrand erwerben dürfe. Eingangs heißt es in dem Contract:

»Kund und zu wissen sei hiermit mäniglich, insonderheit denen, so daran gelegen, daß zwischen den Testamentsexecoutoren des Nachlasses weiland hiesigen Hauptparticipanten Ingwer Woldsen, den

Herren Hauptparticipanten Simon Lorentzen auf Nordstrand und Advokaten Storm, R.v.D. in Husum (Vater von Theodor Storm) einer- und dem seitherigen Geschäftsführer des genannten Herrn Woldsen, Herrn Jacob Detlef Friedrich Kühlmann, Nordstrand, andererseits nachstehenden Kauf- und Überlassungscontract beredet, nach reiflicher Überlegung beschlossen und heute feierlich vollzogen ist«

»§ 1 Es verkaufen, überlassen und treten ab die Testamentsexecoutoren . . . 1. eine im Alten Koog auf Nordstrand belegene achtkantige Graupenmühle mit Zwickstellen, von 76 Fuß Ruthenlänge mit 2 Stück 18er Mahl- und 2 Schäl- oder Pellgängen, nebst Beutelkiste, Waagschalen und Gewichten, Mehlkiste und sonst zur Mühle gehörendem Inventar,

2. das dabei belegene Wohn- und Wirtschaftsgebäude mit Allem, was daran . . . 3. die dazu gehörende, 1 1/2 Demat große Werft . . . 4. den 3/4 Demat großen Garten . . .«

Als Kaufsumme wurde ein Betrag von 14 200 Taler Reichsmünzen festgesetzt, zahlbar zu je einem Viertel am 1. Oktober der Jahre 1858 bis 1861. Jacob D.F. Kühlmann zahlte jedoch gleich 12 000 Taler, und die Restsumme im Oktober 1861.

Bis zu seinem Tode im Jahre 1889 betrieb Jacob D.F. Kühlmann die Mühle. Dann kam sie in den Besitz seines Sohnes Johann Detlef Kühlmann und wurde von diesem im Jahre 1915 an seinen Sohn Jacob D.F. Kühlmann, der den Namen des Großvaters trug, vererbt. Nach dem Tode von Jacob im Jahre 1968 übernahm dessen Sohn Otto die Mühle, die er bereits seit 1948 betrieb. Damit ist die Mühle durch vier Generationen rund 120 Jahre im Familienbesitz geblieben.

Im Alten Koog stand früher noch eine weitere Windmühle, dort, wo die Deichwarft Süden endet und der Westerdeich beginnt, unmittelbar nördlich der heutigen Bäckerei Jacobsen. Dieses Gebäude ist Anno 1671 von den Partizipanten als Verwaltung und Deponie gebaut worden und soll das älteste Haus auf Nordstrand sein. Insbesondere der westliche Teil enthält außen und innen noch zahlreiche urtümliche Elemente – hier wohnt der fast 90jährige Lorenz Jacobsen, der früher Müller war.

Vermutlich ist die Mühle in Zusammenhang mit der Deponie entstanden. Auf einer Landkarte aus dem Jahre 1804 ist sie verzeichnet. Hinsichtlich des Types handelte es sich um einen Erdholländer, also ohne Unterbau und Zwickgestell. So konnte es geschehen, daß einmal

Die Kühlmannsche Mühle mit Müllerhaus bei Odenbüll, nach einem Gemälde von K. Jensen

Die Mühle von Lorenz Jacobsen zwischen Süden und Odenbüll

ein Bauer von den tief herabreichenden Flügeln erschlagen wurde, als seine Pferde plötzlich das Fuhrwerk anzogen und in den Bereich der sich drehenden Flügel gerieten.

In der ersten Hälfte des 19. Jahrhunderts war ein gewisser Goslar Besitzer der Mühle. Er betrieb nebenbei einen umfangreichen Ochsenhandel, wurde dann aber wegen einer Schmuggelaffäre von den dänischen Behörden zu einer hohen Geldstrafe verurteilt, so daß er die Mühle aufgeben mußte. Die Mühle kam dann in den Besitz von Karl Friedrich Krüger und anschließend in die Hände seines Sohnes Karl Krüger. Doch im Jahre 1889 wurde das alte Werk ein Raub der Flammen, durch Brandstiftung eines Tischlers namens Gidde, der bei dieser Gelegenheit auch sein eigenes Haus in Brand steckte.

An einen Wiederaufbau am selben Platz war nun aber nicht mehr zu denken, weil der von den Behörden geforderte Abstand zur Straße nicht eingehalten werden konnte. Karl Krüger wich deshalb nach Süderhafen aus, wo er im Jahre 1890 eine neue Mühle baute, die zuletzt von Johannes Pahl betrieben wurde.

Dennoch sollte das alte Müllerhaus auf dem Westerdeich Jahrzehnte später noch einmal einen Müller beherbergen, nämlich Lorenz Jacobsen. Zur ebenen Erde, an der Straße zwischen Süden und Odenbüll, errichtete Lorenz Jacobsen im Jahre 1924 eine Mühle – die größte, die je auf Nordstrand gestanden hat.

Mehrfach hatte diese Mühle schon ihren Platz gewechselt. Im 18. Jahrhundert stand sie als Klostermühle bei Preetz, wurde dann abgebaut und in Osthusum wieder errichtet, wo sie bis 1924 stand. Dann wurde sie durch den Mühlenmeister Rabe ein weiteres Mal abmontiert, auf ein Schiff geladen und nach Nordstrand befördert, um hier wieder aufgebaut zu werden. Bei einer Flügelbreite von 2,40 m betrug die Länge eines Flügelpaares 86 Fuß, also rund 25 m. Das Stirnrad hatte einen Umfang von 14 Metern, und allein die 26 m lange Eisenwelle hatte ein Gewicht von 6300 Pfund. Der Kellerraum der Mühle besaß einen Durchmesser von 10 Metern. Drei Mahlgänge hatte die Mühle, nämlich für Weizenmehl mit Steinen aus französischem Quarz, sogenannte »Franzosen«, sowie für Schrot und Graupen. Um auch an windstillen Tagen den Betrieb aufrecht erhalten zu können, wurde im Jahre 1928 ein Dieselmotor installiert.

Die größte Nordstrander Windmühle war jedoch nur 25 Jahre in Betrieb. Bereits 1950 wurde sie stillgelegt und einige Jahre später bis auf den heute noch vorhandenen Unterbau abgebrochen.

Von der Mühle auf England (oben) ist nur noch der kappenlose Torso vorhanden, während die Mühle am Süderhafen nach der Renovierung 1982 wieder ihr originales Bild erhielt

Ein Wohngebäude, gegenwärtig im Besitz des Generals Limburg, ist auch die frühere Mühle auf England. Dort, wo heute der Torso mit abgedeckter Kappe steht, war vor 1866 noch der Engeländer Hafen mit seiner prielartigen Einfahrt durch das Vorland. Der Hafen verschwand, als im Jahre 1866 das umfangreiche Vorland zum heutigen Morsum-Koog eingedeicht wurde. Nach der Eindeichung entstand in Zusammenhang mit der Besiedlung des Kooges auch die Mühle. Sie wurde 1867 von Andreas Busch erbaut und später an den Sohn Friedrich Busch vererbt. Nach dem 1. Weltkrieg war Johann Hinrichsen einige Jahre Pächter der Mühle, bis sie Mitte der 20ger Jahre durch Erbschaft in den Besitz von Bahne Busch, einem Sohn von Friedrich Busch, kam. Bahne Busch entwickelte jedoch wenig Neigung zum Müllerberuf und verkaufte die Mühle bald an Carl Lorenzen.

Die Engeländer Mühle lief von allen Nordstrander Mühlen am längsten mit Windkraft. Während eines Sturmes am 9. Februar 1949 wurden Kappe und Flügel jedoch von einer Bö oder einem »Wasserzapfen«, einer Windhose, heruntergerissen und total zertrümmert. Carl Lorenzen führte den Mühlenbetrieb mit Elektromotoren aber noch bis 1963 weiter – dann wurde das Werk stillgelegt, verkauft, und zu Wohnzwecken ausgebaut.

Nach der Bedeichung des Morsum-Kooges im Jahre 1866 wurde am südlichsten Zipfel ein neuer Hafen, der heutige »Süderhafen« angelegt. Von hier aus fuhren nun die kleinen Dampfer der neugegründeten »Interessenschaft des Actien-Dampfschiffes Nordstrand«, der sich später »Nordstrander Dampfschiffs AG« nennenden Reederei nach Husum.

Im Jahre 1890 erhielt der Süderhafen ein hoch über den Deich ragendes »Seezeichen« – die Mühle, die nun jahrzehntelang zugleich Abschieds- und Willkommensgruß an ab- und anreisende Inselbewohner war. Wie schon erwähnt, wurde die Mühle auf Rechnung von Karl Krüger durch den Husumer Mühlenmeister Schlietzky erbaut, nachdem die Mühle auf dem Westerdeich durch Brandstiftung verlorengegangen war. Gemessen an den Zeitverhältnissen war es eine technisch moderne Mühle, die gleich einen Winddynamo zum Aufladen von Batterien für elektrischen Strom erhielt. Der Strom reichte zwar nur für die Beleuchtung des Mühlenbetriebes, aber das war, 50 Jahre bevor die Insel elektrifiziert wurde, schon ein gewaltiger Fortschritt. Neben den üblichen drei Mahlgängen für Weizenmehl, Schrot und Graupen hatte die Mühle einen Kleie- und Grießsichter. Im Jahre

1928 erhielt sie einen Dieselmotor für den Betrieb an windstillen Tagen. 1924 hatte Heinrich Pahl die Mühle übernommen und eine Bäkkerei eingerichtet. Die neue Konkurrenz löste auf Nordstrand einen »Brotkrieg« aus, in dem es darum ging, wer am billigsten backen konnte. Neben dem Eigenbedarf in der Bäckerei wurde auch Mehl für den privaten Verbrauch gemahlen – war es doch seinerzeit noch durchaus üblich, daß in den Haushalten gebacken wurde. Vor allem aber wurde im Winter Getreide geschrotet, das die Bauern selbst anlieferten, und zerkleinert als Viehfutter Verwendung fand. Über aufgeweichte Kleiwege, mit vier Pferden vorgespannt und einer Beladung von nur 10 Zentnern, quälten sich die Fuhrwerke aus dem Morsum- und dem im Jahre 1924 eingedeichten Pohnshalligkoog zur Mühle.

In Kriegszeiten erhalten Mühlen als »Ernährungsmittelpunkte« eine besondere Bedeutung. So war es auch während des letzten Krieges und in den Nachkriegsjahren. Trotz Verbotes wurde heimlich gemahlen, und der uneigennützige Müller Johannes Pahl verteilte Mehl, Grieß oder Flocken zu 5 Pfund abgewogen für 25 Pfennig an die notleidende Bevölkerung. Selbst von Husum kamen Wagen. Und als eines Tages ein Kontrollbeamter erschien, konnte er sich nicht versagen, dieser Art von selbstloser Versorgung seine stillschweigende Zustimmung zu geben.

Johannes Pahl hatte 1947 von seinem Vater die Mühle übernommen. Zu dieser Zeit arbeitete sie schon mit Elektromotoren. Nach der Elektrifizierung im Jahre 1943 waren die Flügel abmontiert, und die Kappe mitsamt der Windrose wurde durch einen Sturm Weihnachten 1954 heruntergeweht. Bis 1970 war die Mühle noch in Betrieb. Dann wurde sie stillgelegt und Teile des unteren Betriebsgebäudes zu einem Cafe umgebaut. Fast 30 Jahre hat der flügel- und kappenlose Torso so gestanden, bis es dem Besitzer durch großen, persönlichen Einsatz und öffentlicher Unterstützung gelang, das äußere Bild der Mühle mit Galerie, Kappe und Flügel im Sommer 1982 vollständig wiederherzustellen und dem Horizont über Nordstrand ein Wahrzeichen zu setzen. Dabei wurde auch das innere Werk renoviert, so daß sich dem Besucher heute wieder das Bild einer betriebsfähigen Windmühle bietet.

Die Mühle des Süderhafens dient als Bäckerei und Cafe

Nordstrand – Insel der Bauern

Schafherden auf dem Vorland beiderseits des Nordstrander Dammes und auf dem Deich der Insel, schwarzbuntes Niederungsvieh auf den grünen Wiesen und gelbleuchtende Raps- und Getreidefelder zeigen dem Inselbesucher, daß Nordstrand eine Agrarinsel ist. Auch die Art der Besiedlung, die großen Einzelhöfe in den Kögen, meistens auf Warften liegend, sowie die Landarbeiterhäuser längs der Deiche, weisen darauf hin.

Soweit sich die Inselgeschichte zurückverfolgen läßt, ist Nordstrand ein Bauernland gewesen, beginnend mit der Landeskultivierung der hier um das Jahr 1000 eingewanderten Friesen. Auch im Mittelalter und der sich daran anschließenden Neuzeit dominierte die Landwirtschaft. Lediglich die Salzgewinnung konnte einige Jahrhunderte eine beachtliche Nebenrolle spielen. Aber zur See gefahren, wie die Bewohner der Halligen oder der Geestinseln vom 16. bis zum 19. Jahrhundert, sind die Nordstrander nie. Und erst in der Gegenwart drängt sich der Fremdenverkehr als neue Erwerbsquelle in das Inselleben.

Über das Leben und Treiben auf einem Nordstrander Bauernhof in der Mitte des 19. Jahrhunderts, ehe die Mechanisierung und Modernisierung begann, hat Andreas Busch im Jahrbuch des Nordfriesischen Vereines, Jahrgang 1924, ein vortreffliches Bild entworfen. Auf einem Hof mit einer Gesamtfläche von rund 100 ha Land wurden etwa 15 Arbeitspferde benötigt. Diese Pferde, etliche Kühe und das Jungvieh beanspruchten einiges an Weideland, so daß zum Gräsen von Fettvieh nicht viel übrigblieb. Das Fettgräsen war nicht so einträglich und ein großer Hof brachte nur wenige Ochsen auf den Markt, die damals über Tönning vor allem nach England exportiert wurden.

Rund 70 ha eines solchen Hofes lagen unter dem Pflug. Angebaut wurden Raps, Weizen, Roggen für den Eigenbedarf, Hafer, Gerste und Bohnen. Klee und Futterrüben waren noch unbekannt. Der Arbeitsaufwand war beträchtlich. Gepflügt wurde mit Holzpflügen, bei dem schweren Boden wurden bis zu 6 Pferde vorgespannt. In einem solchen Betrieb, wo 8 – 10 Gespanne zur Arbeit eingesetzt wurden, waren entsprechend viele Helfer nötig, die vom »Vörknecht«, dem Großknecht, in fast militärischer Zucht gehalten wurden. Während der Erntezeit wurden noch etwa 7 Schnitter, im Winter noch 4 Drescher angestellt. Die Schnitter, darunter auch Frauen, die für das Kochen zuständig waren, kamen in der Regel vom Festlande und wohnten in Zelten. Sie arbeiteten von morgens 5 Uhr bis kurz vor Mittag, und von 1 Uhr bis 7 Uhr abends.

Nach der Ernte begann das Dreschen. Morgens um 4 Uhr, zwei Stunden vor der Morgenkost, wurde »angeschlagen«, und bis 7 Uhr abends erklang der rhythmische Takt der Dreschflegel.

Für den umfangreichen Getreideanbau reichten die Scheunen bei weitem nicht aus. Heu, Getreide- und Bohnenstroh mußten deshalb im Felde in Diemen gesetzt werden, was eine besondere Geschicklichkeit erforderte, damit kein Regenwasser einsickern konnte. Spätsommer und Herbst waren auch die Zeit des »Einschlachtens«, die zusätzliche Anforderungen an die Hausfrau stellte. Es wurde auch das Brot selbst gebacken und das Bier selbst gebraut.

Um 1860 wurden eiserne Pflüge und Eggen eingeführt und um 1870

Alter Bauernhof in der Trendermarsch

Neuzeitliches Gehöft bei Odenbüll

Offen wie die Landschaft ist das Gesicht des Nordstrander Bauern

Zehntausende von Schafen bevölkern im Sommer Vorland und Deich

kamen Stachelwalze, Ringwalze und Schollenbrecher in Gebrauch. Die erste Dampfdreschmaschine wurde 1890 auf Nordstrand eingesetzt. Die Mechanisierung schritt weiter fort, um die Jahrhundertwende fanden Grasmäher, Heuwender, Kultivatoren und schließlich auch Selbstbinder ihren Weg zur Insel.

Es änderte sich aber auch das architektonische Bild der schönen alten, reetgedeckten Bauernhöfe, die den »modernen« Zweckbauten aus Wellblech und Eternit weichen mußten. Nach dem 2. Weltkrieg steigerte sich die Technisierung der Landwirtschaft dank der Konstruktion zahlreicher landwirtschaftlicher Maschinen bis hinauf zum Mähdrescher. Die Pferde, die auch hinsichtlich der Zucht auf Nordstrand eine große Rolle spielten, wurden vom Traktor verdrängt.

Die gegenwärtige Situation der Nordstrander Landwirtschaft stellt sich nach Mitteilung der Landwirtschaftsschule Bredstedt (Carstensen) wie folgt dar: Von den 4817,6 ha der Insel werden 4300 ha landwirtschaftlich genutzt. Rund 2700 ha dieser Nutzfläche werden geakkert, der Rest, 1600 ha, ist Grünland. Demnach ist das Verhältnis Akker zu Grünland 63 : 37. Von der Ackerfläche werden 1200 ha = 44 % mit Winterweizen bestellt, 710 ha = 26 % mit Raps und 590 ha = 22 % mit Wintergerste bebaut. Die Erträge ergaben im Mittelwert der Jahre 1970 – 1974 an Winterweizen 69 dt (dt = Dezitonne = Doppelzentner), an Wintergerste 59 dt, an Hafer 56 dt und an Winterraps 32 dt je Hektar.

Die Viehzählung im Dezember 1975 ergab folgende Werte: An Rindern wurden insgesamt 4243 Stück, davon 1215 Milchkühe in 127 Beständen gehalten. Eine Anzahl von Einwohnern hält jedoch nur 1 – 3 Kühe als Zuerwerb im Stall. Nach dem Ergebnis des Nordstrander Kontrollvereins lieferten die kontrollierten Kühe im Jahre 1975 durchschnittlich 5125 kg Milch mit 3,74 % Fett, entsprechend 192 kg Fett. Die Zahl der Schafe belief sich auf 2456, gehalten von 88 Landwirten. Bei dieser Zählung im Dezember ist jedoch zu berücksichtigen, daß die Anzahl der Schafe im Sommer wesentlich höher ist. U.a. werden von den etwa 1820 Mutterschafen aus der obigen Zählung im Frühjahr durchschnittlich 1,5 Lämmer je Schaf erwartet.

An Schweinen wurden insgesamt 2882, darunter 2000 Mastschweine in 46 Betrieben gezählt, doch sind, wie bei den Rindern und Schafen, in dieser Zahl eine Reihe von Zuerwerbsbetrieben enthalten. Von zwei Ausnahmen abgesehen, dient die Geflügelhaltung (gezählt wurden 4300 Legehennen) im wesentlichen nur der Selbstversorgung

Immerhin gibt es auf Nordstrand auch noch 54 Pferde, wovon aber 33 Ponys sind, die dem Reitsport dienen.

Die Anzahl der Betriebe mit über 2 ha beläuft sich auf 161. Davon bewirtschaften 101 Betriebe eine Fläche von über 10 ha. Weitere 3 Betriebe mit über 10 ha liegen auf der Hallig Nordstrandischmoor, die zum Amtsbezirk Nordstrand gehört. Nach einer Feststellung im Jahre 1971 waren mit betrieblichen Arbeiten insgesamt 362 Landwirte einschließlich Familienangehörigen beschäftigt.

Der Fremdenverkehr – ein neuer Wirtschaftszweig

Pausenlos rollen im Sommer Kraftfahrzeuge mit Kennzeichen aus allen Teilen der Bundesrepublik über den Nordstrander Damm hinüber zur Insel, ein sicht- und hörbares Zeichen der neuen Erwerbsquelle Fremdenverkehr. Sind es auch vielfach nur Tagesgäste, die der Insel einen kurzfristigen Besuch abstatten oder vom Hafen Strucklahnungshörn aus eine Halligfahrt machen wollen, so hat andererseits doch auch der eigentliche Fremdenverkehr, die Einquartierung von Kurgästen auf der Insel, einen beachtlichen Umfang gewonnen.

Ein genaues Datum für die Grundsteinlegung des Fremdenverkehres auf Nordstrand ist nicht verzeichnet. Etwa Mitte der 1950ger Jahre stellten sich die ersten Sommergäste ein, noch bestaunt und belächelt und keineswegs von allen als angenehme Erscheinung empfunden. Bauern beschwerten sich über niedergetretenes Korn oder wildgewordene Schafherden.

Wie vorher schon andernorts, sprach es sich aber bald auf Nordstrand herum, daß man mit Kurgästen mehr und leichter Geld verdienen kann als mit Kühen. Diese Erkenntnis löste eine entsprechende Bautätigkeit aus, zunächst durch die Einrichtung von Fremdenzimmern in Privathäusern, dann durch den gezielten Bau von Pensionen, Ferienhäusern, Gaststätten sowie der Anlage von Campingplätzen. Wenig später wurde auch der Slogan »Urlaub auf dem Bauernhof« geprägt. Und schließlich erhielt der Fremdenverkehr dann auch durch die Gründung entsprechender Organisationen wie der Werbegemeinschaft »Uthlande«, der Einrichtung eines Zimmernachweises auf Nordstrand und die Herausgabe eines Werbeprospektes eine entsprechende Grundlage. Initiatoren dieser Maßnahmen sind die Gemeinde Nordstrand und der Handels- und Gewerbeverein e.V. Nordstrand. Im Jahre 1969 betrug die Zahl der Übernachtungen bereits 46 500. Sie ist inzwischen (1976) auf knapp 100 000 angestiegen. An Gästen wurden 1976 8 733 gezählt, bei einer Gesamtbettenzahl von 1 152 auf der Insel. Wie erwähnt, spielen aber auch die Tagesgäste und Ausflügler eine große Rolle. 1975 z.B. wurden von den Nordstrander Ausflugsschiffen fast 70 000 Personen durch das Halligmeer befördert.

Sichtbares Zentrum des Fremdenverkehrs ist die Kuranlage bei Norderhafen, im Jahre 1973 erbaut. Mit dem Ziel, auf Nordstrand und Pellworm den Fremdenverkehr zu fördern, wurde zu diesem Zweck zwischen der Landesregierung, dem damaligen Kreis Husum und der Firma Hansa Heimbau Lüder KG ein entsprechender Vertrag geschlossen. Neben Ferienappartements und Restaurationsbetrieben wurde das Kurzentrum mit Schwimmhalle, Sprudelbad, Kaltbad, Solarium, Fitneßcenter und medizinischen Bädern ausgestattet.

Nordstrand will aber keine Ferieninsel sein, die dem Gast allzuviel »Kurbetrieb« und Rummel bietet, sondern dem Inselbesucher weitgehendst die eigene Gestaltung seines Urlaubes überläßt. Dazu gehört neben dem Baden an den Badestellen vor allem das Wandern im Watt oder auf dem Deich. Aber auch für Information und Unterhaltung ist gesorgt. Der Handels- und Gewerbeverein stellt jährlich ein umfangreiches und vielseitiges Veranstaltungsprogramm zusammen.

Halligfahrten, Wattenwanderungen und Ausflüge

Vielfältig sind die Möglichkeiten, von Nordstrand aus die Welt der Inseln und Halligen sowie das Wattenmeer kennenzulernen. Vom Hafen Strucklahnungshörn fahren täglich die schmucken Ausflugsschiffe »Adler III« und »Adler IV« des Kapitäns Kurt Paulsen und »Lith« unter Führung von Kapitän Holger Clausen zu den Seehundsbänken im Wattenmeer oder zu den benachbarten Halligen. Auf der Hallig Nordstrandischmoor findet der Besucher vier Warften mit fünf Häusern. Der Schulraum der Hallig (durchschnittlich nur 3 – 5 Schüler) dient auch für Gottesdienste. Von eigenartigem Reiz ist der Friedhof auf dem ebenen Halligland. Die Grabsteine liegen flach im Rasen, so daß sie von Sturmfluten nicht umgeworfen werden können.

Vom Kurzentrum führt eine Brücke über den Deich zum Strand

Schwimmhalle und Kurmittelhaus im Kurzentrum Nordstrand

Bauernhof mit Fremdenverkehr im Oster-Koog

Campingplatz im Elisabeth-Sophien-Koog

Die Hallig Süderoog steht unter Naturschutz, wird jedoch noch beweidet. Der Pächter wohnt im einzigen Hallighaus, das früher ein bekanntes, internationales Jugendheim unter Leitung von Newton Paulsen war. Auch auf der Hallig Südfall steht nur noch eine Warft mit einem Gebäude. Sie ist ebenfalls Naturschutzgebiet und hier wie dort kann der Besucher zahlreiche See- und Strandvögel beobachten, die von einem Vogelwart betreut werden.

Sehr originell sind auch die Fahrten mit dem Pferdefuhrwerk bei Ebbe durch das Watt nach Südfall, die bei günstiger Tide laufend von Thomas Andresen durchgeführt werden. Die Schutzstation Wattenmeer, die am Kurzentrum ein Informationshäuschen hat, sowie Nordstrander Naturkenner, bieten naturkundliche Wattenwanderungen an, die einen Einblick in die Vielfalt des Tierlebens in Sand und Schlick vermitteln. Im Rahmen dieser Wattenwanderungen werden auch Kulturspuren des untergegangenen Alt-Nordstrands aufgesucht und erklärt. Vor allem sind es Brunnenringe und Ackergrenzen.

Dank der unmittelbaren Straßenverbindung über den Damm ist man binnen einer Viertelstunde in Husum (Storm-Haus, Nissen-Museum). Von Husum ist es dann nicht mehr weit bis Eiderstedt (Eidersperrwerk, St. Peter-Ording, Westerhever). Und in nördlicher Richtung sind von Nordstrand aus die Häfen Schlüttsiel (Halligfahrten u.a. nach Hooge, Königspesel, Kirche) und Dagebüll (mit den WDR-Fähren nach Wyk auf Föhr oder zur Düneninsel Amrum mit dem 63 m hohen Leuchtturm) in einer halbstündigen Autofahrt erreicht. Über Niebüll ist auch ein Tagesausflug nach Sylt möglich, und von Husum und Tönning aus kann man nach Helgoland fahren.

Mit Pferdefuhrwerken vom Nordstrander Deich durch das Watt zur Hallig Südfall – und mit Ausflugsschiffen durch das Halligmeer

Die Rettungsstation der DGzRS

Im Hafen Strucklahnungshörn liegt ein farbenfrohes Fahrzeug mit einem charakteristischen Turmaufbau – das Rettungsboot der »Deutschen Gesellschaft zur Rettung Schiffbrüchiger«. Die Nordstrander Rettungsstation wurde im Jahre 1964 eingerichtet, und zwar durch die Initiative von Ernst-August Dethleffsen, der bereits 1958 für die Einrichtung der Funkstation auf der Hallig Südfall gesorgt hatte, weil sich in der Hever und auf Sandbänken öfter Seeunfälle ereigneten.

Nach dem Bau des Hafens Strucklahnungshörn bot sich hier eine Rettungsstation mit einem Rettungsboot an. Der DGzRS in Bremen wurde ein entsprechender Vorschlag gemacht, und nachdem es E.A. Dethleffsen gelungen war, eine kleine Mannschaft von Freiwilligen aufzustellen, erhielt Nordstrand 1964 das Strand-Rettungsboot »Horumersiel«. Vormann wurde Ludolf Ketelsen. Im ersten Jahr wurden schon gleich 21 Einsätze bei Seenotfällen und Versorgungsfahrten verzeichnet. Im Sommer 1969 erhielt die Station Nordstrand das größere Seenot-Rettungsboot »Hindenburg«, 17,5 m lang, mit Doppelschrauben von insgesamt 300 PS, mit Funk, Echolot, Sichtfunkpeiler, Radar, Feuerlösch- und Lenzanlagen versehen. Dieses Boot wurde 1979 durch den modernen Seenotkreuzer »H. J. Kratschke« ersetzt, geführt vom Vormann Willi Paulsen.

Wie notwendig ein Rettungsboot dieser Art im Bereich von Nordstrand ist, beweisen die Berichte von teilweise dramatischen Einsatzfahrten in den Jahrbüchern der DGzRS. So wurde u.a. das kleine Strand-Rettungsboot »Horumersiel« bei einem orkanartigen Sturm am 25. August 1965 dreimal alarmiert. Am frühen Nachmittag zeigte der von Brechern völlig eingedeckte Saugbagger »Irmnau«, der für die Nordstrander Deichverstärkung eingesetzt war, Notsignale. Es war äußerst schwierig für das Rettungsboot, sich in der groben See durch Ankertrossen, Saug- und Spülleitungen zum Bagger durchzukämpfen, um die zweiköpfige Besatzung zu übernehmen. Unmittelbar darauf gab auch ein zweiter, größerer Bagger Notzeichen. Hier gestaltete sich das Rettungsmanöver noch gefährlicher, weil der Bagger in der Brandung nahe des Steindeiches lag. Doch auch in diesem Fall gelang es, die drei Schiffbrüchigen in Sicherheit zu bringen. Fast fünf Stunden hatte das Rettungswerk in Anspruch genommen, und kaum im

Auslaufender Seenotkreuzer »H. J. Kratschke«, Station Nordstrand

Hafen erhielt die Mannschaft des Rettungsbootes einen erneuten Notruf. Bei schwerstem Wetter mußte eine überfällige Barkasse gesucht werden.

Am 29. Juli 1968 konnte das Nordstrander Rettungsboot einen Vater mit zwei Kindern, 3 und 5 Jahre alt, buchstäblich in letzter Minute vor dem Ertrinken retten. Die drei Wattenwanderer waren nördlich des »Fuhlen-Schlotes« von der Flut überrascht und eingeschlossen worden.

Immer wieder geht es auch darum, havarierende Fischkutter in Sicherheit zu bringen. So mußte z.B. am 24. November 1970 das Rettungsboot »Hindenburg« dem Fischkutter »Trudel« zu Hilfe kommen, der mit einem Leck und Wassereinbruch im Maschinenraum in der Holmer Fähre trieb und sich in sinkendem Zustand befand. Mit Hilfe der Lenzanlage gelang es, den Kutter über Wasser zu halten und in den Husumer Hafen zu schleppen.

Besonders dramatisch war auch ein Rettungseinsatz am 7. November 1971, als kurz vor dem Hafen Schlüttsiel 17 Passagiere von der aufgelaufenen Fähre »Amrum« geborgen werden mußten und es dann einer anstrengenden Nachtarbeit bedurfte, um die Fähre wieder freizuschleppen. Dabei geriet auch das Rettungsboot in Gefahr.

Andreas Busch und die Rungholt-Forschung

Im Wattenmeer westlich von Nordstrand liegt eben vor dem Horizont als schmaler Strich mit dunklem Warfthügel die Hallig Südfall. Vor über 600 Jahren, bis 1362, hat hier der Hafenort Rungholt gelegen,

Andreas Busch

ehe er nach der großen Sturmflut versank. Erst Jahrhunderte später legte das Meer die von Sand und Schlick sowie teilweise von der Hallig Südfall überlagerte Stätte wieder frei. Als 1921 der Nordstrander Landwirt Andreas Busch auf die zutage getretenen Kulturspuren aufmerksam gemacht wurde, vermutete er bald, daß es sich hier um die letzten Spuren von Rungholt handelte. Und nun begann eine fast 50jährige Forschungsarbeit über die Rekonstruktion dieses bedeutenden Hafenortes. Immer wieder hat Andreas Busch das Wattenmeer um Südfall aufgesucht, die Funde vermessen und fotografiert und in zahlreichen Veröffentlichungen publiziert. Aus den noch deutlichen Resten von Deichen, Warftsohlen, Brunnenringen, Gräben, Sielen, Schleusen, Pflugfurchen und Keramikfunden wurde im Laufe der Zeit ein eindrucksvolles Bild von Rungholt zusammengesetzt.

Der »Pharisäer« das Nordstrander Nationalgetränk

Das Rezept des »Pharisäers« lautet: Ein Eierbecher voll Rum, zwei Stücke Zucker, das Ganze mit Mokka aufgegossen und als Abdeckung darauf eine Portion steifgeschlagener Sahne. Der »Erfinder« dieses Getränkes war der Bauer Peter Georg Johannsen im Elisabeth-Sophien-Koog, und erfunden wurde es anläßlich einer Tauffeier, entweder für das sechste Kind am 2. April 1872 oder für das siebente Kind am 12. Oktober 1873.

Bedingt durch den wirtschaftlichen Aufschwung nach dem gegen Frankreich gewonnenen Krieg 1870/71 herrschte eine Zeit des fröhlichen und überschwenglichen Alkoholkonsums. Damals entstanden Sprüche wie: »Es trinkt der Mensch, es säuft das Pferd – auf Nordstrand ist es umgekehrt«. Und ein anderes geflügeltes Wort lautete: »Wat, du gifst dat ganze Geld för Brot ut und wi heben keen Kööm int Hus!?« Es war aber auch die Zeit des Pastors Gustav Bleyer, der sich Kraft seines Amtes, den Ruin der Nordstrander Bauern befürchtend, gegen die Trunkfreudigkeit wandte, kaum ahnend, daß er der Namensgeber eines alkoholischen Getränkes werden sollte.

Wie erwähnt, fand an einem der oben genannten Tage auf dem Hof von Johannsen die Tauffeier statt, wozu auch der Pastor eingeladen

Nach einer Deichwanderung in frischer Nordseebrise . . .

. . . lädt eine gemütliche Gaststätte zum »Pharisäer« ein

war. Nun war es Sitte, keinen Alkohol auszuschenken, solange der Pastor die Gesellschaft mit seiner Anwesenheit beehrte. Entgegen der üblichen Gepflogenheit nahm er jedoch nicht nach der Kaffeetafel Abschied, sondern blieb, sich angeregt unterhaltend, sitzen. Damit wurde nun aber der Ausschank von alkoholischen Getränken verhindert, so daß den Gästen nur Kaffee und Tee serviert werden konnte. Da hatte der Gastgeber eine rettende Idee! Er ging in die Küche und wies das Personal an, dem Kaffee einen Schuß Rum nebst Zucker beizugeben. Davon durfte der Pastor natürlich nichts merken, weshalb die Order gegeben wurde, den Kaffee zwecks Vermeidung des Rumduftes mit Schlagsahne abzudecken und streng darauf zu achten, daß der Pastor nur Tassen mit reinem Kaffee erhielt.

Dies ging eine Weile gut. Die Taufgäste hatten sofort die Absicht durchschaut und sprachen dem neuen Getränk kräftig zu. Doch einmal wurden die Tassen verwechselt. Pastor Bleyer bekam eine Tasse mit Rum! Erschrocken nahm er den ersten Schluck, probierte einen zweiten, blickte streng in die Runde und sagte die berühmten Worte: »Ihr Pharisäer«! Ein neues Getränk hatte seinen Namen.

Die Nordstrander Tierwelt

Inseln und Halligen im nordfriesischen Wattenmeer sind Lebensraum und Brutgebiet zahlreicher See- und Strandvögel. Dies gilt auch in besonderem Maße für die westlich von Nordstrand liegende Hallig Südfall, die von Nordstrand aus über einen Wattenweg erreichbar ist. Der Besucher dieser Hallig ist erstaunt über die Menge der Vögel, deren Ruf und Flug unentwegt Luft und Landschaft erfüllen und die sich zur Brut auf verhältnismäßig kleinem Raum zusammendrängen.

Auf Nordstrand treten die typischen Nordseevögel nicht so in Erscheinung. Manche Arten, darunter die Silbermöwe, die Sturmmöwe, fast alle Seeschwalbenarten, aber auch Sand- und Seeregenpfeifer, Eiderenten und Brandgänse wird man hier, von Einzelfällen abgesehen, als Brutvögel vergeblich suchen. Sie zeigen sich jedoch im Watt, am Strande oder in den Gräben und Teichen des Inselinneren. Das Fehlen dieser genannten Arten ist landschaftsbedingt, da sie vorwiegend sandiges Gelände als Brutplätze beanspruchen. Die intensive

Landnutzung auf Nordstrand würde diesen Vögeln aber auch nur geringe Möglichkeiten geben, ungestört zu brüten und den Nachwuchs großzuziehen.

Dennoch sind die Gelege einiger Arten auf den Inselwiesen oder am Deich zu finden, und dazu gehört in erster Linie der »Allerweltsvogel« des Wattenmeeres, der Austernfischer. Dieser schwarzweiße Vogel mit dem langen, orangeroten Schnabel ist nicht nur von der Gestalt her auffällig – auch seine lebhaften Rufe sind immer wieder zu hören.

In den Wiesen und an Grabenkanten findet auch der Rotschenkel stille, verborgene Nistplätze. Sein melodisches »djü-djü-djü-djü« gehört zu den klangvollsten Vogellauten in den Inselmarschen. Natürlich gibt es auch den Kiebitz als Brutvogel auf Nordstrand, und als seltene, nur vereinzelte Brutvögel beobachtet man an breiten, flachen Gräben im Norden des Pohnshalligkooges die Trauerseeschwalbe. Will man jedoch den hochbeinigen Säbelschnäbler und die zierliche Lachmöwe in ihrem Brutrevier erleben, muß man das Vorland beiderseits des Nordstrander Dammes besuchen. Hier fliegt uns der »Säbler« mit flötendem »Klüklüklüklüklü« entgegen, während die koloniartig brütenden Lachmöwen aufgeregt über dem Kopf des Störenfriedes herumwirbeln. Bei Sturmfluten fallen die Gelege dieser Vögel in der Regel der Überschwemmung zum Opfer.

Gräben und Teiche in den Inselkögen sind Lebensräume des sehr häufigen Teichhuhnes, richtiger Teichralle genannt. Diese grauschwarze Ralle baut ihr hochaufgeschichtetes Schwimmnest zwischen Schilf und Binsen am Wasserrand. Das Merkmal dieses Wasservogels ist ein rotgelber Schnabel und der oft aufrechte, wippende Schwanz mit einem weißen Rand. Auch das größere Bleßhuhn, bzw. die Bleßralle, ist an größeren Gräben und auf den Teichen zwischen Norderhafen und Strucklahnungshörn als vereinzelter Brutvogel vertreten. Unter den Entenarten scheint nur die Stockente ständiger Brutvogel in der Nordstrander Marsch zu sein.

Gräben, Teiche und Schilffelder wie z.B. bei Reithörn bieten einigen Kleinvögeln, darunter Rohrammer und Schilfrohrsänger, Brutplätze. Vögel der Marschenwiesen sind Wiesenpieper, Bachstelze, möglicherweise auch Schafstelze, vor allem aber Feldlerche. Im Bereich der Getreidefelder erklingt das klirrende Lied der Grauammer, die jedoch nur in verhältnismäßig geringer Zahl vorhanden ist. Hier kommen auch Rebhühner und Fasane vor. Erstere sind ebenfalls nicht gerade häufig, vermutlich infolge der intensiven Landnutzung mit

Brütende
Lachmöwe

Teichralle
mit Jungvogel

Kiebitz
kommt zum Nest

Revierbewachender
Rotschenkel

Der ruffreudige
Austernfischer

Der hochbeinige
Säbelschnäbler

Störungen an den Brutplätzen oder Unkraut- und Insektenvergiftungskampagnen. Dagegen kann sich der Fasan als Kulturfolger besser behaupten. Er ist um 1930 durch Bahne Michelsen und andere interessierte Jäger eingebürgert.

Abgesehen von den beiden Vogelkojen gibt es keine größeren, zusammenhängende Baumbestände auf Nordstrand. Infolgedessen kommen Rabenkrähen und Elstern nur als gelegentliche Brutvögel vor und dementsprechend wird man auch Waldohreule und Turmfalke, als Brüter in alten Rabenvogelnestern, vergeblich suchen.

Aus den Baumbeständen der Warfthöfe und der Friedhöfe von Odenbüll und Süden rufen jedoch Ringel- und Türkentauben. Hier erklingt auch der eifrige Triller des Zaunkönigs. Und das melodische Flöten der Amsel und das Zetern der Singdrossel, die sich über eine Katze aufregt, sind hier ebenso zu hören, wie das Schwatzen von Star und Gelbspötter. Von den Finken brüten Hänfling und Grünfink im Friedhofs- und Gartengebüsch.

Vögel des unmittelbaren Siedlungsbereiches sind neben dem Star Haussperling, Feldsperling, Rauchschwalben und Mehlschwalben. Erstere brüten fast ausschließlich in Innenräumen, vor allem Scheunen und Ställen, die durch ihre »moderne« Bauweise jedoch nur noch bedingt den Rauchschwalben Nistmöglichkeiten bieten. Die Mehlschwalben dagegen kleben ihre Kleiklumpennester an die Außenwände von Gebäuden, falls diese gewisse Bedingungen hinsichtlich der Höhe, des Dachüberstandes und des freien Ausfluges erfüllen, wie z.B. das Restaurant am Hafen Strucklahnungshörn.

In der *Zugzeit* belebt sich die Marsch mit Goldregenpfeifern, Uferschnepfen, Bekassinen und anderen Watvögeln. Im Watt erklingen die melodischen Flötenrufe des Großen Brachvogels. Scharen von verschiedenen Wildentenarten ziehen über die Insel und ihre beiden Vogelkojen hin, in denen nun keine Gefahr mehr lauert. Aus dem Vorland erschallt das »Ronk ronk« oder »Rott - rott« der Ringelgänse, die auf den Salzwiesen äsen. Auch Weißwangengänse fallen hier ein, ebenso Kurzschnabelgänse und Singschwäne.

Interessant ist aber auch ein Blick auf die Nordstrander Säugetierfauna. Anders als auf den übrigen Nordseeinseln (mit Ausnahme von Sylt), wo sich das Artvorkommen durch die meeresbedingte Isolierung nicht erweitern kann, außer durch Manipulation seitens des Menschen, hat Nordstrand durch die Dammverbindung eine gewisse Einwanderung vom Festlande erlebt. Neben Fuchs (1938), Steinmar-

»Vogelwolken« von Alpenstrandläufern, Knutts, Brachvögeln und anderen Limicolen bevölkern im Frühjahr und Herbst das Watt, Scharen von Ringelgänsen fallen auf dem Vorland zum äsen ein

der (1907), Dachs (1938), Iltis (1914) und Wildkaninchen (1973) haben auch Rehe sich vereinzelt auf die Insel verirrt. Trotz Drahtsperren ist der Maulwurf nach Nordstrand gelangt. Igel hat es bereits um 1900 gegeben, vielleicht von Naturfreunden dort ausgesetzt, oder mit Faschinenmaterial auf die Insel gekommen. Auch Wiesel soll es schon immer auf Nordstrand gegeben haben. Recht häufig sind Hasen zu sehen, wobei sich ebenfalls die Frage einer früheren Einbürgerung stellt, da sicherlich keine Säugetiere nach der Sturmflut von 1634 übriggeblieben sind.

Lebensraum Wattenmeer

Während der Ebbezeit fällt etwa zwei Drittel des Wattengebietes im Halligmeer trocken. Nur in den Tiefs und Prielen bleibt Wasser zurück. Diese eigenartige Landschaft ist der Lebensraum einer vielfältigen und zahlreichen Tierwelt, die wir zum Teil am Strande angespült finden oder auf Wattenwanderungen entdecken können.

Der Flutsaum, die tägliche Hochwassermarke der Nordsee, wird vor allem mit Seegras sowie Meerespflanzen, Algen und Tangen, gebildet. Von den Seetieren sind Muscheln und Meeresschnecken am häufigsten vertreten, doch handelt es sich ja nur noch um die leeren Schalen und Gehäuse dieser Weichtiere. Krebse, Stachelhäuter (Seesterne und Seeigel), Röhren der Köcher- und Borstenröhrenwürmer, Eiballen der Wellhornschnecken, Eikapsel des Nagelrochens und der kalkartige Schulp des Tintenfisches sind weitere Dinge, die regelmäßig im Flutsaum zu finden sind. Im Hochsommer treiben oft tausende von verschiedenen Quallen an, seltener auch vom Ozean her die Entenmuscheln, bei denen es sich um Krebstiere handelt, die sich auf treibende Gegenstände festhaften.

Das Watt selbst gehört zu den von Tieren am dichtesten besiedelten Räumen unserer Erde. Milliarden von Wattschnecken und winzigen Krebstieren leben in Sand und Schlick. Auf Buhnen und Brückendalben ruhen Strandschnecken und haben sich Seepocken festgesetzt. Aber die Masse der Wattentiere bleibt dem Auge des Wanderers verborgen: Salzkäfer, Schlickkrebse, aber auch fast alle Muschelarten – bis auf die blauschwarze Miesmuschel – leben unterirdisch, ebenso

Muschelschalen am Strande

1 Große Sandklaffmuschel 2 Gestutzte Klaffmuschel 3 Herzmuschel 4 Große Bohrmuschel 5 Plattmuschel 6 Pfeffermuschel 7 Dreieckmuschel 8 Amerikanische Bohrmuschel 9 Trogmuschel 10 Miesmuschel 11 Auster Unten rechts Gehäuse der Wellhornschnecke

Funde im Flutsaum

1 Strandkrabbe 2 Eikapsel des Rochens 3 Schulp des Tintenfisches 4 Strandigel 5 Röhre des Köcherwurmes 6 Entenmuschel 7 Eiballen der Wellhornschnecke 8 Gemeiner Seestern 9 Kompaßqualle

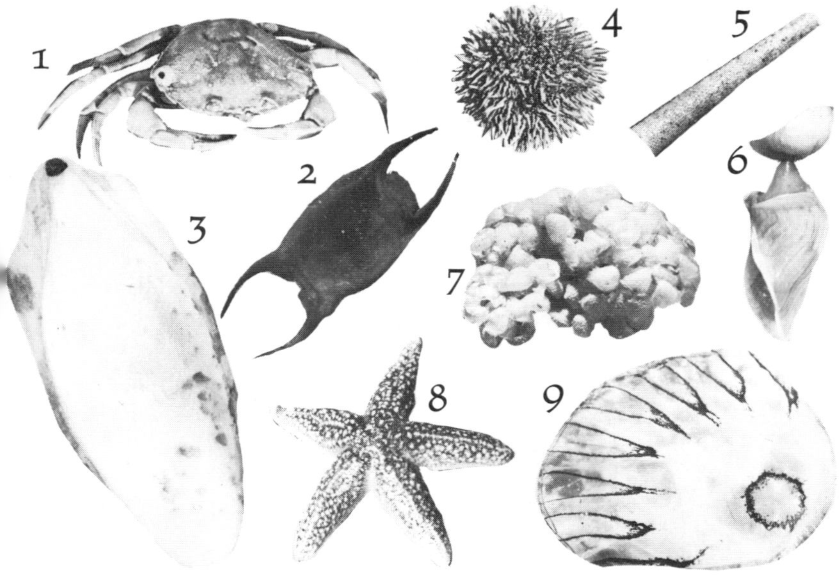

zahlreiche Arten der Würmer, von denen der Wattwurm auf dem Sandwatt seine Ausscheidungen in Form unzähliger Sandkringel hinterläßt.

In den Prielen sowie in der tieferen Nordsee tummeln sich zahlreiche Fische, die bei Flut auf dem Watt ihre Nahrung suchen. Und auf den Sandbänken, die bei Ebbe trockenfallen, sowie an den Kanten von größeren Wattenströmen haben Seehunde ihre Ruheplätze. Hier werden im Juni-Juli die jungen Seehunde geboren, die sogleich schwimmfähig sind. Junge Seehunde, die von der Seehündin weggeschwommen und vertrieben sind, kommen gelegentlich als »Heuler« an den Strand.

Zum Schutz dieser einmaligen Landschaft und ihrer Tierwelt wurde das gesamte Nordfriesische Wattenmeer am 23. Januar 1974 zum Naturschutzgebiet erklärt. Lange Zeit war auch die Einrichtung eines Nationalparks in der Diskussion.

Insel- und Vorlandflora

Klima und Bodenverhältnisse bestimmen in erster Linie die Flora einer Landschaft. In klimatischer Hinsicht ist die Nordseeküste mit ihren Inseln und Halligen ein für Pflanzen schwieriger Standort. Deshalb überwiegen hier die polyploiden Arten, die sich durch größere Daseinstüchtigkeit auszeichnen. Auf Nordstrand gehören von den durch Willi Christiansen festgestellten 188 urwüchsigen Arten 109, das sind 66,5 %, zu dieser Gruppe.

Auf der landwirtschaftlich intensiv genutzten Insel sind hinsichtlich der urwüchsigen Pflanzen in erster Linie die Grabenkanten und Wegränder interessant. Eine Kostbarkeit ist hier der rotblühende Bocksbart, der zusammen mit dem gelbblühenden Bocksbart, der Wiesenplatterbse, dem rautenblättrigen Kreuzkraut u.a. die Pflanzengesellschaft des Wegrandes bildet. Weitere ungestörte Pflanzenoasen sind auch die Vogelkojen, wo man neben anderen den bittersüßen Nachtschatten findet.

Den Binnenländer interessieren natürlich in erster Linie die typischen Salz- und Strandpflanzen, die man in ihrer charakteristischen Zusammensetzung am eindrucksvollsten auf dem Vorlande zwischen

Pflanzen des Vorlandes: Strandflieder, Strandaster, Strandmelde

Der Queller ist die Pionierpflanze der Neulandgewinnung

Pflanzen der Grabenkanten und Wegränder: Schilf, Hahnenfuß, Rotklee

An der Grenze von Land und Meer: das Englische Schlickgras

der Lithschleuse und dem Süderhafen studieren kann. Durch die Initiative des Apothekers Rotzoll ist hier ein Streifen von der Beweidung ausgenommen, so daß sich die Salzpflanzengesellschaft ungestört entfalten kann. An den Seiten der Gräben, die bei Hochwasser geflutet sind, wächst der Queller mit seinen dickfleischigen Stengeln, eine Pflanze, die auch vom Rande des Vorlandes ein gutes Stück hinaus in das Watt siedelt. Höher hinaus schließen sich Strandsoda und Stranddreizack an. Identisch mit dem Lebensraum des Quellers ist auch der des Englischen Schlickgrases, das in abgerundeten Porsten wächst. 1927 wurde diese Pflanze für die Neulandgewinnung an der schleswig-holsteinischen Westküste ausgesät, ohne allerdings die Erwartungen zu erfüllen.

Auf dem höheren Vorlande, das nur bei Sturmfluten überspült wird, leuchten die silbergrauen Stauden des Strandbeifußes. Wo dem Schlick etwas Sand beigemischt ist, findet die Strandmelde mit ihren roten Blütenknäulen einen geeigneten Standort. Typische Pflanzen sind aber auch die Strandaster mit ihren blaugelben Blüten und der Strandflieder mit seiner dichtgedrängten violetten Blütenkrone, weniger auffällig dagegen das Milchkraut und die Salzschuppenmiere.

Insel Nordstrand

Nordstrander Bucht

Beginn der Eindeichung 1983

Quellenverzeichnis

Bantelmann, Albert: »Die Landschaftsentwicklung an der schleswig-holsteinischen Westküste«, Neumünster 1967
Busch, Andreas: »Leben und Treiben auf einem Bauernhof um die Mitte des vorigen Jahrhunderts«, Jahrbuch des Nordfries. Vereines, 1924
ders.: »Aus der Geschichte zweier Fährhäuser auf Nordstrand«, in Heimatkalender Nordfriesland 1960
ders.: »50 Jahre Rungholtforschung«, Heimatkalender Nordfriesland 1972
Busch, Andreas und Blunck, Hugo: »100 Jahre Morsumkoog 1866 – 1966«, Flensburg 1966
Christiansen, Willi: »Flora der nordfriesischen Inseln«, Hamburg 1967
Coltzau, Dietrich: »Der Elisabeth-Sophien-Koog, geschichtlich und heimatkundlich betrachtet«, Examensarbeit 1966
Coltzau, Johann: »50 Jahre Pohnshalligkoog 1924 – 1974«, Husum 1974
Hansen, Willi: Div. Tagesberichte in den Husumer Nachrichten
Häberlein, Carl: »Inselfriesische Volkstrachten«, Kiel 1926
Heese, Ernst-Wilhelm: »Die alt-katholische Gemeinde auf Nordstrand« im Heft Nordfriesland, Band 31, 1974
Kambeck, Werner: »Die Bedeichung der Nordstrander Bucht« im Heft Nordfriesland, Band 7, 1968
Karff, Fritz: »Nordstrand«, Flensburg 1968
Müller, Friedrich und Fischer, Otto: »Das Wasserwesen an der schleswig-holsteinischen Nordseeküste«, Nordstrand, Berlin 1936
Oldekop, Henning: »Topographie des Herzogtumes Schleswig«, Kiel 1906
Petreus, Johannes: »Schriften über Nordstrand«, Kiel 1901
Quedens, Georg: »Die Halligen, Pellworm und Nordstrand erzählen«, Itzehoe 1969
ders.: »Die Halligen«, Breklum 1975
Sach, August: »Das Herzogtum Schleswig«, Bände 1, 2 und 3, Halle 1896